U0688401

座右铭书系

Zuoyouming Shuxi

座 右 铭 书 系

圣贤语

刘 巍 编

中国文史出版社

目　录

儒家说

道家说

儒 家 说

君子怀德

君子怀德，小人怀土；君子怀刑，小人怀惠。

——孔　子

知者乐水，仁者乐山。知者动，仁者静。知者乐，仁者寿。

——孔　子

将身有节，动静以义，喜怒以时，无害其性，虽得寿焉，不亦宜乎！

——孔　子

不忘久德，不思久怨。

——孔　子

益者三乐，损者三乐。乐节礼乐，乐道人之善，乐多贤友，益矣。乐骄乐，乐佚游，乐晏乐，损矣。

——孔　子

君子有三戒：少年时，血气未定，戒之在色；及其壮也，血气方刚，戒之在斗；及其老也，血气既衰，戒之在得。

——孔 子

樊迟问仁。子曰："爱人。"问知。子曰："知人。"

——孔 子

始吾于人也，听其言而信其行；今吾于人也，听其言而观其行。

——孔 子

君子成人之美，不成人之恶。

——孔 子

宽则得众。

——孔 子

君子以文会友，以友辅仁。

——孔 子

四海之内，皆兄弟也——君子何患乎无兄弟也？

——孔 子

成事不说，遂事不谏，既往不咎。

——孔 子

君子无所争，必也射乎！揖让而升，下而饮。其

争也君子。

——孔　子

志士仁人，无求生以害仁，有杀身以成仁。

——孔　子

己所不欲，勿施于人。

——孔　子

当仁，不让于师。

——孔　子

以直报怨，以德报德。

——孔　子

恭则不侮。

——孔　子

益者三友，损者三友。友直，友谅，友多闻，益矣。友便辟，友善柔，友便佞，损矣。

——孔　子

礼之用，和为贵，先王之道，斯为美。

——孔　子

君子周而不比，小人比而不周。

——孔　子

敏而好学，不耻下问。

——孔　子

不念旧恶，怨是用希。

——孔　子

知之为知之，不知为不知，是知也。

——孔　子

君子坦荡荡，小人常戚戚。

——孔　子

君子和而不同，小人同而不和。

——孔　子

讲信修睦，尚辞让，去争夺，舍礼何以治之？

——孔　子

贫者士之常，死者人之终，处常得终，当何忧哉？

——荣启期

仁则荣，不仁则辱。

——孟　子

取诸人以为善，是与人为善者也。故君子莫大乎

与人为善。

——孟　子

天时不如地利，地利不如人和。

——孟　子

有不虞之誉，有求全之毁。

——孟　子

夫人必自侮，然后人侮之。

——孟　子

恭者不侮人，俭者不夺人。

——孟　子

与民偕乐，故能乐也。

——孟　子

乐民之乐者，民亦乐其乐；忧民之忧者，民亦忧其忧。乐以天下，忧以天下，然而不王者，未之有也。

——孟　子

君子有三乐，而王天下不与存焉。父母俱存，兄弟无故，一乐也；仰不愧于天，俯不怍于人，二乐也；得天下英才而教育之，三乐也。

——孟　子

尽其道而死者，正命也。

——孟　子

养心莫善于寡欲。

——孟　子

生亦我所欲，所欲有甚于生者，故不为苟得也；死亦我所恶，所恶有甚于死者，故患有所不辟也。

——孟　子

朋友有信。

——孟　子

不挟长，不挟贵，不挟兄弟而友。友也者，友其德也，不可以有挟也。

——孟　子

好荣恶辱，好利恶害，是君子小人之所同也，若其所以求之之道则异矣。

——荀　子

荣辱之大分，安危利害之常体：先义而后利者荣，先利而后义者辱；荣者常通，辱者常穷；通者常制人，穷者常制于人：是荣辱之大分也。

——荀　子

与人善言，暖于布帛；伤人以言，深于矛戟。

——荀　子

自知者不怨人。

——荀　子

志意修，德行厚，知虑明，是荣之由中出者也，夫是之谓义荣。

——荀　子

流淫污僈，犯分乱理，骄暴贪利，是辱之由中出者也，夫是之谓义辱。

——荀　子

君子耻不修，不耻见污；耻不信，不耻不见信；耻不能，不耻不见用。是以不诱于誉，不恐于诽。

——荀　子

凡治气养心之术，莫径由礼，莫要得师，莫神一好，夫是之谓治气养心之术也。

——荀　子

以治气养生，则身后彭祖；以修身自强，则名配尧禹。

——荀　子

非我而当者，吾师也；是我而当者，吾友也；谄谀我者，吾贼也。

——荀　子

笃志而体，君子也；齐明而不竭，圣人也。人无法，则伥伥然。有法而无志其义，则渠渠然。

——荀　子

匹夫不可以不慎取友。

——荀　子

致贤而能以救不肖，致强而能以宽弱。

——荀　子

以仁心说，以学心听，以公心辨。

——荀　子

欲虽不可尽，可以近尽也；欲虽不可去，求可节也。所欲虽不可尽，求者犹近尽；欲虽不可去，所求不得，虑者欲求节也。道者，进则近尽，退则节求，天下莫之若也。

——荀　子

君子之度己则以绳，接人则用抴。度己以绳，故足以为天下法则矣；接人用抴，故能宽容，因求以成

天下之大事矣。

——荀　子

君子崇人之德，扬人之美，非谄谀也。

——荀　子

人虽有性质美而心辩知，必将求贤师而事之，择良友而友之。

——荀　子

先王有道，敢行其意。上不循于乱世之君，下不俗于乱世之民。仁之所在无贫穷，仁之所亡无富贵。天下知之，则欲与天下同苦乐之。

——荀　子

富润屋，德润身，心广体胖。

——《礼记》

大学之道，在明明德，在亲民，在止于至善。

——《礼记》

物有本末，事有终始，知所先后，则近道矣。

——《礼记》

古之欲明明德于天下者，先治其国；欲治其国者，先齐其家；欲齐其家者，先修其身；欲修其身者，先正其心；欲正其心者，先诚其意；欲诚其意者，先致其知，致知在格物。

——《礼记》

为人君，止于仁；为人臣，止于敬；为人子，止于孝；为人父，止于慈；与国人交，止于信。

——《礼记》

生有益于人，死不害于人。

——《礼记》

君子贵人而贱己，先人而后己。

——《礼记》

善则称人，过则称己，则民不争。

——《礼记》

诚者非自成己而已也，所以成物也。

——《礼记》

君子和而不流。

——《礼记》

喜怒哀乐之未发，谓之中；发而皆中节，谓之和。中也者，天下之大本也；和也者，天下之达道也。

——《礼记》

凡事豫则立，不豫则废。

——《礼记》

为政在人，取人以身；修身以道，修道以仁。

——《礼记》

礼尚往来。往而不来，非礼也；来而不往，亦非礼也。

——《礼记》

闻善以相告也，见善以相示也。

——《礼记》

敬让也者，君子之所以相接也。

——《礼记》

富以苟不如贫以誉，生以辱不如死以荣。

——《礼记》

水至清则无鱼，人至察则无徒。

——《礼记》

己善，亦乐人之善也；己能，亦乐人之能也。

——《礼记》

与君子游，苾乎如入兰芷之室，久而不闻，则与之化矣；与小人游，腻乎如入鲍鱼之次，久而不闻，则与之化矣。是故君子慎其所去就。

——《礼记》

免人之死，解人之难，救人之患，济人之急者，德也。德之所在，天下归之。

——吕　尚

誉生则毁随之，善见则怨从之。

——刘　安

或誉人而适足以败之，或毁人而乃反以成之。

——刘　安

治身，太上养神，其次养形。神清志平，百节皆宁，养性之本也；肥肌肤，充肠腹，供嗜欲，养生之末也。

——刘　安

两心不可以得一人，一心可以得百人。

——刘　安

行合趋同，千里相从；行不合，趋不同，对门不通。

——刘　安

千人同心，则得千人之力；万人异心，则无一人之用。

——刘　安

世能知善，虽贱犹显；不能别白，虽尊犹辱。

——王　充

称誉多而小大皆言善者，非贤也。善人称之，恶人毁之，毁誉者半，乃可有贤。

——王　充

能释人之大过，亦悲夫人之细非。

——王　充

常言人长，希言人短。

——王　充

妄誉，仁之贼也；妄毁，义之贼也。

——扬　雄

见人有私欲，必以正道矫之。

——傅　玄

德比于上，欲比于下，德比于上则知耻，欲比于下则知足。

——傅　玄

圣人一视而同仁，笃近而举远。

——韩　愈

取其一，不责其二；即其新，不究其旧。恐恐然惟惧其人之不得为善之利。

——韩　愈

古之君子，其责己也重以周，其待人也轻以约。重以周，故不怠；轻以约，故人乐为善。

——韩　愈

不以众人待其身，而以圣人望于人，吾未见其尊己也？

——韩　愈

君子之于人无不欲其善。

——韩　愈

乐道人之善，则天下皆去恶为善。

——韩　愈

与其有誉于前，孰若无毁于其后；与其有乐于身，孰若无忧于其心。

——韩　愈

曲生何乐，直死何悲。

——韩　愈

生而不淑，孰谓其寿？死而不朽，孰谓其夭？

——韩　愈

乐人之乐，人亦乐其乐；忧人之忧，人亦忧其忧。

——白居易

为人友者不以道而以利，举世无友。

——柳宗元

宽也者，君子之德也。古之贤圣未有无是心，无是德者也。

——陆九渊

好善而恶不善，好仁而恶不仁，乃人心之用也。遏恶扬善，举直错枉，乃宽德之行也。

——陆九渊

由义为荣，背义为辱。轻重荣辱，惟义与否。

——陆九渊

事之至难，莫如知人；事之至大，亦莫如知人。

——陆九渊

凡事只看其理如何，不要看其人是谁。

——陆九渊

人所愿得者尊爵厚禄，而所荣者善行，所耻者恶名也。今操利势以临天下之士，劝之以其所愿，而予之以其所愿，则孰肯背而不为者？

——王安石

百人誉之不加密，百人毁之不加疏。

——苏　洵

毁誉不动，得丧若一。

善养生者，慎起居，节饮食，导引关节，吐故纳新，不得已而用药。

——苏　轼

善养身者，使之能逸而能劳。

——苏　轼

欲立非常之功者，必有知人之明。

——苏　轼

以自然之道，养自然之身。

——欧阳修

劳其形者长年，安其乐者短命。

——欧阳修

虽圣人亦不以不能责人之必能。

——欧阳修

所守者道义，所行者忠信，所惜者名节。以之修身，则同道而相益；以之事国，则同心而共济。终始如一，此君子之朋也。

——欧阳修

宁以义死，不苟幸生，而视死如归。

——欧阳修

毁誉不干其守，饥寒不累其心。

——欧阳修

不苟一时之誉，思为利于无穷。

——欧阳修

死生，天地之常理，畏者不可以苟免，贪者不可以苟得也。

——欧阳修

乐要知内外。圣贤之乐在心，故顺逆穷通随处皆泰；众人之乐在物，故山溪花鸟遇境才生。

——吕　坤

荣辱系乎所立。所立者固，则荣随之，虽有可辱，人不忍加也；所立者废，则辱随之，虽有可荣，人不屑及也。是故君子爱其所自立，惧其所自废。

——吕　坤

富贵贫贱得失荣辱如春风秋月，自去自来，与心全不牵挂，我到底只是个我。夫如是，故可贫可富，可贵可贱，可得可失，可荣可辱。

——吕　坤

人誉我谦，又增一美；自夸自败，还增一毁。

——吕　坤

苦处是正容谨节，乐处是手舞足蹈，这个乐又从那苦处来。

——吕　坤

养德尤养生之第一要也。德在我，而蹈白刃以死，何害其为养生哉?

——吕　坤

置富贵、贫贱、死生、常变于度外，是养心第一法。

——吕　坤

人情有当然之愿，有过分之欲。圣人者，足其当然之愿，而裁其过分之欲，非以相苦也。

——吕　坤

君子畏天，不畏人；畏名教，不畏刑罚；畏不义，不畏不利；畏徒生，不畏舍生。

——吕　坤

处人不可任己意，要悉人之情；处事不可任己见，要悉事之理。

——吕　坤

观操存在利害时，观精力在饥疲时，观度量在喜

 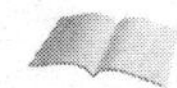

怒时，观存养在纷华时，观镇定在震惊时。

——吕　坤

大事难事看担当，逆境顺境看襟度，临喜临怒看涵养，群行群止看识见。

——吕　坤

肯替别人想是第一等学问。

——吕　坤

恕人有六：或彼识见有不到处；或彼听闻有未真处；或彼力量有不及处；或彼心事有所苦处；或彼精神有所忽处；或彼微意有所在处。

——吕　坤

心术以光明笃实为第一，容貌以正大老成为第一，言语以简重真切为第一。

——吕　坤

与其喜闻人之过，不若喜闻人之善。与其喜闻人之过，不若喜闻己之过；与其乐道己之善，不若乐道人之善。

——吕　坤

人必有一善，集百人之善，可以为贤人；人必有一见，集百人之见，可以决大计。

——吕　坤

精明也要十分，只须藏在浑厚里作用。古今得祸，精明人十居其九，未有浑厚而得祸者。

——吕　坤

大其心，容天下之物。

——吕　坤

两君子无争，相让故也。一君子一小人无争，有容故也。争者，两小人也。

——吕　坤

涵容是处人第一法。

——吕　坤

有一种人，以姑息匪人市宽厚名；有一种人，以毛举细故市精明名，皆偏也。圣人之宽厚，不使人有所恃，圣人之精明，不使人无所容。

——吕　坤

须是德业相劝勉，过失相箴规，乃为益友。

——吕　坤

士君子济人利物，宜居其实不宜居其名，居其名

则德损。仁大夫忧国为民，当有其心不当有其语，有其语则毁来。

——洪应明

宁有求全之毁，不可有过情之誉；宁有无妄之灾，不可有非分之福。

——洪应明

人知名位为乐，不知无名无位之乐为最真；人知饥寒为忧，不知不饥不寒之忧为更甚。

——洪应明

苦心中常得悦心之趣，得意时便生失意之悲。

——洪应明

知成之必败，则求成之心不必太坚；知生之必死，则保生之道不必过劳。

——洪应明

世态有炎凉，而我无嗔喜；世味有浓淡，而我无欣厌。一毫不落世情窠臼，便是在世出世法也。

——洪应明

路径窄处，留一步与人行；滋味浓时，减三分让人食。此是涉世一极乐法。

——洪应明

士君子贫不能济物，遇人痴迷处，出一言提醒之，遇人急难处，出一言解救之，亦是无量功德。

——洪应明

处世而欲人感恩，便为敛怨之道；遇事而为人除害，即是导利之机。

——洪应明

不责人小过，不发人阴私，不念人旧恶，三者可以养德，亦可以远害。

——洪应明

交友须带三分侠气，做人要存一点素心。

——洪应明

处父兄骨肉之变，宜从容不宜激烈；遇朋友交游之失，宜剀切不宜优游。

——洪应明

落落者，难合亦难分；欣欣者，易亲亦易散。是以君子宁以刚方见惮，毋从媚悦取容。

——洪应明

让，懿行也，过则为足恭，为曲礼，多出机心。

——洪应明

困辱非忧，取困辱为忧；荣利非乐，忘荣利

为乐。

——张　载

先天下之忧而忧，后天下之乐而乐。

——范仲淹

居庙堂之高，则忧其民；处江湖之远，则忧其君。

——范仲淹

不以物喜，不以己悲。

——范仲淹

动静节宜，所以养生也；饮食衣服，所以养形也。

——程颢　程颐

颜子非乐箪瓢陋巷也，不以贫累其心，而改其所乐也。

——程颢　程颐

自喜者不进，自大者道远。

——程颢　程颐

君子言忧不言乐，然而乐在其中也；小人知乐不知忧，故忧常及之。

——叶　适

大凡朋友，须箴规指摘处少，诱掖奖劝意多。

——王守仁

人生大病，只是一傲字。

——王守仁

君子之学，务在求己而已。毁誉荣辱之来，非独不以动其心，且资之以为切磋砥砺之地。

——王守仁

今人病痛，大段只是傲，千罪百恶，皆从傲上来。

——王守仁

人不谦不足以受天下之益。

——王守仁

称人之善，而咎己之失。

——王守仁

责善，朋友之道，然须忠告而善道之。悉其忠爱，致其婉曲，使彼闻之而可从，绎之而可改，有所感而无所怒，乃为善耳。

——王守仁

精神有限，故嗜欲要节制，言语要简默，凡事要收敛，精神不漏则作用有力。

——李　惺

知人有三：知人之短；知人之长；知人短中之长，知人长中之短。

——李　惺

凡人妆成十分好，不如真色一分好。真色人自有一种可爱可敬之处。

——李　惺

心志要苦，意趣要乐。气度要宏，言动要谨。

——金　缨

世俗烦恼处，要耐得下；世事纷扰处，要闲得下；胸怀牵缠处，要割得下；境地浓艳处，要淡得下；意气愤怒处，要降得下。

——金　缨

士大夫当为天下养身，不当为天下惜身。省嗜欲，减思想，戒愤怒，节饮食，此养身也。规利害，避劳怨，营窟宅，守妻子，此惜身也。养身者，啬而大，惜身者，膻而细。

——金　缨

临事须替别人想，论人先将自己想。

——金　缨

当厄之施，甘于时雨；伤人之语，毒于阴冰。

——金　缨

人若近贤良，譬如纸一张。以纸包兰麝，因香而得香。

——金　缨

知足则乐，务贪必忧。

——林　逋

和以处众，宽以待下，恕以待人，君子人也。

——林　逋

不自重者取辱，不自畏者招祸；不自满者受益，不自是者博闻。

——林　逋

寡言择交，可以无悔吝，可以免忧辱。

——林　逋

知不足者好问，耻下问者自满。

——林　逋

卑以自牧之人，实受其福；贵而能降之者，不失其宜。

——林　逋

内睦者家道昌，外睦者人事济。

——林　逋

心有怨于人，而外与之交，则为匿怨。若朋友之不善，情意自是当疏，但疏之以渐。若无大故，则不

必峻绝之，所谓“亲者毋失其为亲，故者毋失其为故”者也。

——朱　熹

心有喜怒忧乐则不得其正，非谓全欲无此，此乃情之所不能无。但发而中节，则是；发不中节，则有偏而不得其正矣。

——朱　熹

君子之于人，非是全无恶人处，但好善恶恶，皆出于公。

——朱　熹

以己之心度人之心。

——朱　熹

故君子之治人也，即以其人之道，还治其人之身。

——朱　熹

友直，则闻其过；友谅，则进于诚；友多闻，则进于明。

——朱　熹

让者，礼之实也。

——朱　熹

义无可舍之理。当死而死，义在于死；不当死而死，义在于不死，无往而非义也。

——朱　熹

养身莫善于习动，夙兴夜寐，振起精神，寻事去做，行之有常，并不困疲，日益精壮；但说静息将养，便日就惰弱。

——颜　元

纳爽耳目变，玩奇筋骨轻。

——刘禹锡

夫生生之资，固人所不可无，然勿求多余，多余希不为累矣。

——吕祖谦

由致新而言之，则死矣生之大造矣。

——王夫之

忘其身故必死，必死不如乐死，乐死不如甘死，甘死不如义死，义死不如视死如归。

——刘　向

观其言而察其行。

——刘　向

居视其所亲，富视其所与，达视其所举，穷视其所不为，贫视其所不取。

——刘　向

是气所磅礴，凛烈万古存。当其贯日月，生死安足论！

——文天祥

以身殉道不苟生，道在光明照千古。

——文天祥

自称其恶谓之情，称人之恶谓之贼；求诸己谓之厚，求诸人谓之薄；自责以备谓之明，责人以备谓之惑。

——董仲舒

爱出者爱返，福往者福来。

——贾　谊

厚人自薄谓之让。

——贾　谊

沟洫之量，不可以容江河，江河之量，不可以容沧海……若君子则以天地为量，何所不容？

——杨　时

自高则必危，自满则必溢，未有高而不危、满而不溢者。

——胡　宏

凡有精美可爱之物，不可轻易向人索取。要知人心相同，物之可爱者，我心既爱，彼心亦爱，夺人之爱，心甚不良。若开口向说，彼或不允，岂不自愧？彼不得已而与我，未尝不隐恨于心也。何必因此而取人怨尤乎？有识之人当不谬予言。

——石成金

忍一时之愤，冤愤立解。

——石成金

见人为不义事，须劝止之。知而不劝，劝而不力，令友过遂成，亦我之咎也。

——石成金

成名每在穷苦日，败事多因得意时。

——石成金

待小人亦宽，防小人亦严。

——石成金

得放手时须放手，得饶人处且饶人。

——方孝孺

损友敬而远，益友宜相亲。

——方孝孺

不以才自名，而才者莫能及。

——方孝孺

与善人居，如入芝兰之室，久而自芳也；与恶人居，如入鲍鱼之肆，久而自臭也……君子必慎交

游焉。

——颜之推

知交尽四海，岂必无英彦。贵此金石情，出处同一贯。

——顾炎武

傲骨不可无，傲心不可有。无傲骨则近于鄙夫，有傲心不得为君子。

——张　潮

贤人好正，奸人好邪；好邪则竞，好正则和。

——邵　雍

天地交，而后能成化育之功；上下交，而后能成和同之治。

——张居正

治国，犹种树也，欲荣其上，必溉其下，下枯而上则焦矣！君上而民下，只一树也。

——张　岱

大器其犹规矩准绳乎？先自治而后治人之谓大器。

——张　岱

政者，正也，是夫子解说“政”字的意义。

——张　岱

丰世无盗者，足也；治世无盗者，肃也；化世无道者，顺也。真西山曰：“上有衣冠之盗，然后下有干戈之盗。”

——张　岱

凡人未读《论语》时是这样人，读过《论语》时仍旧是这样人，此人只当不曾读得《论语》。

——张　岱

君出言自以为是，而卿大夫莫敢议其非；卿大夫出言自以为是，而士庶人莫敢议其非。

——张　岱

人君为国，约之以法，不若示之以礼。

——张　岱

凡止君之欲者，乃所以爱君也。忠臣之心，唯恐君之有欲；邪臣之心，唯恐君之无欲。

——张　岱

圣贤之救乱世，如慈母之救病子，有一分未绝，亦不肯放手，便是孔子“知其不可为而为之”之家法。

——张　岱

太公进而以功业济世；伯夷退而以名节励世。太公之心在当时；伯夷之心在万世，无非为天下生民

计也。

——张　岱

胜我者我师之，仍不失为起予之高足；贵我者我友之，亦不愧为攻玉之他山。

——李　渔

傲为凶德，骄为败征。

——曾国藩

观于田夫农父，终岁勤劳而少疾病，则知劳者所以养身也。观于舜、禹、周公，终身忧劳而享寿考，则知劳者所以养心也。

——曾国藩

仁者爱人

唯仁者，能好人，能恶人。

——孔　子

父母之年，不可不知也。一则以喜，一则以惧。

——孔　子

与朋友交，言而有信。

——孔　子

事父母，能竭其力。

——孔　子

人而无信，不知其可也。

——孔　子

今之孝者，是谓能养。至于犬马，皆能有养；不敬，何以别乎？

——孔　子

君子义以为上，君子有勇而无义为乱，小人有勇

而无义为盗。

——孔　子

笃信好学，守死善道。危邦不入，乱邦不居。天下有道则见，无道则隐。邦有道，贫且贱焉，耻也；邦无道，富且贵焉，耻也！

——孔　子

孝子之事亲也，居则致其敬，养则致其乐，病则致其忧，丧则致其哀，祭则致其严。

——孔　子

仁者不忧。

——孔　子

仁者爱人。

——孟　子

至诚而不动者，未之有也；不诚，未有能动者也。

——孟　子

思诚者，人之道也。

——孟　子

人少，则慕父母；知好色，则慕少艾；有妻子，则慕妻子；仕则慕君，不得于君则热中。大孝终身慕父母。

——孟　子

悦亲有道，反身不诚，不悦于亲矣。

——孟　子

惰其四支，不顾父母之养，一不孝也；博弈好饮酒，不顾父母之养，二不孝也；好货财，私妻子，不顾父母之养，三不孝也；从耳目之欲，以为父母戮，四不孝也；好勇斗狠，以危父母，五不孝也。

——孟　子

善政不如善教之得民也。善政民畏之，善教民爱之，善政得民财，善教得民心。

——孟　子

无不爱也，无不敬也，无与人争也，恢然如天地之苞万物。

——荀　子

请问为人父？曰：宽惠而有礼。

——荀　子

请问为人子？曰：敬爱而致恭。

——荀　子

诚心行义则理，理则明，明则能变矣。

——荀　子

君子崇人之德，扬人之美，非谄谀也；正义直指，举人之过，非毁疵也。

——荀　子

志忍私，然后能公。行忍性情，然后能修。知而好问，然后能才。公修而才，可谓小儒矣。志安公，行安修，知通统类，如是则可谓大儒矣。

——荀　子

言无常信，行无常贞，唯利所在，无所不倾，若是，则可谓小人矣。

——荀　子

川渊深而鱼鳖归之，山林茂而禽兽归之，刑政平而百姓归之，礼义备而君子归之。

——荀　子

天行有常，不为尧存，不为桀亡。应之以治则吉，应之以乱则凶。强本而节用，则天下不能贫。

——荀　子

能处道而不贰，吐而不夺，利而不流，贵公正而贱鄙争，是士君子之辨说也。

——荀　子

君子之爱人也以德，细人之爱人也以姑息。

——《礼记》

所谓态其意者，毋自欺也。

——《礼记》

意诚而后心正，心正而后身修。

——《礼记》

与人交，止于信。

——《礼记》

孝者所以事君也；弟者所以事长也；慈者所以事众也。

——《礼记》

上恤孤而民不倍，是以君子有絜矩之道也。

——《礼记》

民之所好，好之；民之所恶，恶之。此之谓民之父母。

——《礼记》

见贤而不能举，举而不能先，命也；见不善而不能退，退而不能远，过也。

——《礼记》

是故君子有大道，必忠信以得之。

——《礼记》

君子诚之为贵。

——《礼记》

故为政在人，取仁以身。修身以道，修道以仁。

——《礼记》

唯天下至诚，为能尽其性；能尽其性，则能尽人之性；能尽人之性，则能尽物之性；能尽物之性，则可以赞天下之化育；可以赞天下之化育，则可以与天地参矣。

——《礼记》

仁者，人也，亲亲为大；义者，宜也，尊贤为大。

——《礼记》

诚者，天之道也；诚之者，人之道也。

——《礼记》

果能此道矣，虽愚必明，虽柔必强。

——《礼记》

故至诚无息，不息则久，久则徵，徵则悠远，悠远则博厚，博厚则高明。

——《礼记》

天地之道，博也，厚也，高也，明也，悠也，久也。

——《礼记》

万物并育而不相害，道并行而不相悖，小德川流，大德敦化，此天地之所以为大也。

——《礼记》

君子之道，淡而不厌，简而文，温而理，知远之近，知风之自，知微之显，可与入德矣。

——《礼记》

潜虽伏矣，亦孔之昭。故君子内省不疚，无恶于志。

——《礼记》

自诚明，谓之性；自明诚，谓之教。诚则明矣，明则诚矣。

——《礼记》

父母爱之，嘉而弗忘；父母恶之，惧而无怨。

——《礼记》

所谓仁者，爱人也；所谓知者，知人也……仁莫大于爱人，知莫大于知人。

——刘　安

仁者，不忍也，施生爱人也。

——班　固

仁之法在爱人，不在爱我；义之法在正我，不在正人。

——董仲舒

或问信，曰："不食其言。"

——扬　雄

圣人一视同仁。

——韩　愈

学者不可以不诚，不诚无以为善，不诚无以为君子。修学不以诚，则学杂；为事不以诚，则事败；自谋不以诚，则是欺其心而自弃其忠；与人不以诚，则是丧其德而增人之怨。

——程颢　程颐

诚信矣，信则诚矣。

——程颢　程颐

语人之短不曰直。

——林　逋

推诚而为欺，守信而不疑。

——林　逋

百行万善总于五常，五常又总于仁。

——朱　熹

诚是自然底实，信是人做底实。

——朱　熹

仁是根，爱是苗。

——朱　熹

仁者，爱之理；爱者，仁之事。仁者，爱之体；爱者，仁之用。

——朱 熹

“信近于义，言可复也。”盖信不近义，则不可以复。

——朱 熹

仁者，与天地万物为一体。

——朱 熹

孝而不诚于孝则无孝，弟而不诚于弟则无弟。

——朱 熹

须是表里皆实，无一毫之伪，然后有以为进德之地，德方日新矣。

——朱 熹

仁之发处自是爱。

——朱 熹

凡人所以立身行己，应事接物，莫大乎诚敬。诚者何？不自欺、不妄之谓也。敬者何？不怠慢、不放荡之谓也。

——朱 熹

诚者，起初无妄之谓。

——朱 熹

尽诚可以决嫌疑。

——刘禹锡

爱虽不可以名仁，而仁亦不能离乎爱也。

——陈　淳

孔门教人，求仁为大。只专言仁，以仁含万善，能仁则万善在其中矣。

——陈　淳

民吾同胞，物吾与也。

——张　载

以爱己之心爱人则尽仁。

——张　载

君子宁言之不顾，不规于非义之信。

——张　载

诚故信，无私故威。

——张　载

失爱不仁，过爱不义。

——贾　谊

德莫高于博爱人，而政莫高于博利人。

——贾　谊

子爱利亲谓之孝，反孝为孽。

——贾　谊

进德之事莫非诚也。

——杨　时

与人交，开心见诚。

——胡　宏

兄弟同胞一体，弟敬兄爱殷勤；须是同心竭力，毋分尔我才真。

——石成金

毋面诺背违，毋阴非阳是。

——石成金

轻诺者必寡信，与其不信，不如勿诺。

——石成金

孝子之爱亲，无所不至也。生欲其寿，凡可以养生者皆尽心焉；死欲其传，凡可以昭扬后世者复不敢忽焉。

——方孝孺

二亲既殁，兄弟相顾，当如形之与影、声之与响。

——颜之推

兄不友则弟不恭。

——颜之推

君子之心事，青天白日，不可使人不知。

——洪应明

兄友者，不问弟之恭不恭，惟知爱弟也；弟恭者，不问兄之友不友，惟知敬兄也。

——颜　元

世宁无德，不可有假德。无德犹可望人之有德，有假德则世不复有德矣。此孔、孟所以恶乡原也。

——颜　元

圣贤道理，小中见大，大中见小，所以为达。

——张　岱

其心一腔耳，欲仁，仁至，更无罅子再容恶。

——张　岱

仁，人心也，心之安，便是仁。

——张　岱

上言无礼不可行，而礼必有所始。始于何所？始于厚也。

——张　岱

欲正心者，先诚其意。

——张　岱

苏子瞻曰：天生之物必直，其曲必有故，非生之理也。木之曲也，或抑之，水之曲也，或碍之。水不碍，木不抑，未尝不直也。凡物皆然，而况人乎？

——张　岱

“正”字、“诚”字，亦有用力不用力之别。如物悬空，有碍则歪。正者，去其碍而矣。

——张　岱

道，率吾性之自然。“道不远人”，不远于人之情也。是故不近人情之事，皆不可为道。

——张　岱

先自治而后治人之谓大器。

——张　岱

“忍”之一字，原是英雄大作用处，用得光明正大，便是伊尹放太甲，霍光之废昌邑，用得暧昧不明，便是王莽、曹瞒一流。

——张　岱

人心之约不能移，乐不能淫者，即仁也。

——张　岱

至者，无声无臭之谓，人以思勉求之，故鲜久矣。

——张　岱

与仁同功，其仁未可知也；与仁同过，然后其仁可知也。

——张　岱

义者，本心之当为，非有为而为之也，有为而为，则皆人欲，非天理矣。

——张　岱

“欲”字意思，如鸡抱卵，如龙护珠，自有一段精神萦系于珠卵之外。

——张　岱

子曰“德不孤，必有邻”，犹言一善立而众善至也。是劝人进德语。

——张　岱

坐怀不乱，圣人所为，贤人则不可为。闭户不纳，贤人所为，圣人则不必为。

——张　岱

徇情欲而舍性命，图受用而忘远大，听人穿鼻而全无自己本领，听天陶铸而没些变化学问，四者，君子之大耻。

——张　岱

夫子与其为仁，忠孝不足以名之，忠孝其事也，圣人论人，必论其心。

——张　岱

力有大小，效有迟速，皆可救世。

——张　岱

为不厌，诲不倦，平平常常，老老实实，仁也在内，圣也在内。

——张　岱

刺虎不毙，断蛇不死，其伤人愈多。君子之遇小人，政不可不慎。

——张　岱

妆敛聪明还造化，虽无才美亦周公。

——张　岱

一犯骄吝其大本已亡，纵其余做得惊天动地，亦不足观。

——张　岱

骄者，是其器局小，容受不去。故骄者未有不吝，此是一套生事，非骄了又吝也。

——张　岱

君子以天下为心，至是邦即欲有为，危可使安，乱可使治，不入不居者，势不可为，故见机而作也。

——张　岱

政，是以己与天下，不是以天下与己。

——张　岱

以博去分别心，爱憎心；以约去依傍心，执着心，可省“博”“约”之旨。

——张　岱

常人以为易者，圣人以为难，此其所以为圣人。

——张　岱

若是智者，明晰事理，故不惑。若是仁者，毫无愧怍，故不忧。若是勇者，胆气过人，故不惧。

——张　岱

圣人教人，只在心上做工夫，不在外边讨求。或曰：功恶则“德”日进于洁净，惩愤则“德”日底于光明。

——张　岱

天下大仁，原是大智做的，仁人大机大用，动变在手，都从智出。

——张　岱

赏罚不明，取舍不当，贤不肖混立于朝，千古不能治天下。

——张　岱

俗情浓艳处淡得下，俗情苦恼处耐得下，俗情劳扰处闲得下，俗情牵绊处斩得下，斯为学问真得力处。

——张　岱

心无所曲为直，据理为衡，不曲意以博厚名，不过刻以伤天理。

——张　岱

圣人之道无显微，无外内，由洒扫应对进退而上达天道，本末一以贯之。

——张　岱

修身为俟，则凛然为善，凛然去恶，天人感应，毫发不爽，君子所以畏天命也。

——张　岱

积恩为爱，积爱为仁，积仁为灵。灵台所以为灵者，积仁也。神灵者，天地之本，而万物之始也。

——张　岱

斥松为樗，何损于材；誉莸为兰，不掩其臭。

——张　岱

夫民者至贱而不可简也，至愚而不可欺也，故自古至于今，与民为仇者，有迟有速，而民必胜之。

——张　岱

君子之深造必以道。道者，率性者也。

——张　岱

求忠臣必于孝子之门，岂有不能慕父母而能慕君者乎？

——张　岱

尧舜之传贤也，欲天下之得所也；禹之传子也，忧后世争之之乱也。尧舜之利民也大，禹之虑民也深。

——张　岱

性之与情，犹水之与波，静时是水，动则是波；静时是性，动则是情，盖即此意。

——张　岱

操心如操舟，操心如操兵。操舟则中流自在，不碍风波；操兵则奇正五花，钟鼓寂若。

——张　岱

弈秋诲人，未尝不学不问；心驰鸿鹄，若瞽若聋矣。故知专心致志，学问之事无他。

——张　岱

涸鱼不忘濡沫，笼鸟不忘理翰。失必思返，物性之常。求放心即心矣，岂若涸鱼笼鸟哉！

——张　岱

学问之道无他，只求放心便了。牛马，家畜也，纵之坰牧则悍。鹰鹯，野鸟也，一为羁绊则驯，此收放心之说。

——张　岱

社稷臣是以安社稷为悦，不是以社稷安为悦，犹云乐此不为疲也。

——张　岱

性，是种子，仁义礼智是花果，心是栽种的田地。

——张　岱

钱不妄受，色不妄交，立定根基，方可集义。

——张　岱

养气非求之于气，知言非求之于言。养气者养心，知言者知心，此孟子之得于心者也。

——张　岱

志之所至，气必至焉。故至者，至到之至，而非极至之至。

——张　岱

民心不固，死守何益？“与民”二字，煞有深心。

——张　岱

盖功业德望已信于人，譬之乔木，封殖爱养，自拱把以至合抱，非一日之故也。

——张　岱

“疑”，最害事。人之所以不圣贤，治之所以不帝王者，俱是此“疑”作梗耳。若能去此“疑”，何事不可为？故曰：“信为功德母。”

——张　岱

恶人害贤，犹仰天而唾，唾不至天，还从己堕；迎风扬尘，尘不至彼，还坌己身；贤不可毁，毁必灭己。

——张　岱

君子之过，真；而小人之无过，伪也。

——张　岱

君子一心备中和之理，其实，君子只是不失其常。

——张　岱

古人唯知过则改，见善则迁；今各执己见，被人点破便愕然，百计文饰，以此，日流于污下。

——张　岱

性者，入富贵而不淫；入贫贱而不乱。

——张　岱

千古圣学，唯有小心而已。

——张　岱

中也者，天下之大本也；和也者，天下之达道也。致中和，天地位焉，万物育焉。

——张　岱

何谓“曲”？曰：火在石中，击石传火。何谓“化”？曰：火出石尽，灰飞烟灭。

——张　岱

因自得，故不求得；因不求得，所以不怨不得。

——张　岱

诚者，不思不勉，自然能尽其性。然则必择善而固，要博学，要慎思，要明辨，要审问，要笃行，故云“致曲”。唯天下至诚为能化，而至曲者，亦与之同矣。

——张　岱

诚之所以自成自道，即物之所以成始成终。诚，如人一身然。何谓“仁”？一身之血脉元气也。何谓“知”？一处痛痒，满身皆知，血脉元气觉处也。“仁”“知”俱“诚”之别名。

——张　岱

圣人与天地同体在至诚，不在博厚、高明、悠久。

——张　岱

鼻忘于风，舌忘于味，圣人忘于淡。诸臭在谢，而风无谢也；诸味有尽，而水无尽也，故曰“淡而不厌”。至人宝淡，淡者，性命之精。

——张　岱

勇者不惧

勇而不避难。

——孔　子

君子以心导耳目，立义以为勇。小人以耳目导心，不逊以为勇。

——孔　子

君子不以言举人，不以人废言。

——孔　子

人之生也直，罔之生也幸而免。

——孔　子

勇者不惧。

——孔　子

见义不为，无勇也。

——孔　子

君子义以为上。君子有勇而无义为乱，小人有勇

而无义为盗。

——孔　子

不直，则道不见。

——孟　子

枉己者，未有能直人者。

——孟　子

吾尝闻大勇于夫子矣：自反而不缩，虽褐宽博，吾不惴焉；自反而缩，虽千万人，吾往矣。

——孟　子

无处而馈之，是货之也。焉有君子而可以货取乎？

——孟　子

可以取，可以无取，取伤廉。

——孟　子

鱼我所欲也，熊掌亦我所欲也，二者不可得兼，舍鱼而取熊掌者也。生亦我所欲也，义亦我所欲也，二者不可得兼，舍生而取义者也。

——孟　子

天下有道，以道殉身；天下无道，以身殉道。

——孟　子

是谓是，非谓非，曰直。

——荀　子

天下有中，敢直其身；先王有道，敢行其意；上不循于乱世之君，下不俗于乱世之民；仁之所在无贫穷，仁之所亡无富贵；天下知之，则欲与天下同苦乐之；天下不知之，则傀然独立天地之间而不畏：是上勇也。

——荀　子

不恤是非、然不然之情，以期胜人为意，是下勇也。

——荀　子

争饮食，无廉耻，不知是非，不辟死伤，不畏众强，恈恈然惟利饮食之见，是狗彘之勇也。为事利，争货财，无辞让，果敢而振，猛贪而戾，恈恈然惟利之见，是贾盗之勇也。轻死而暴，是小人之勇也。义之所在，不倾于权，不顾其利，举国而与之不为改视，重死持义而不挠，是士君子之勇也。

——荀　子

内称不避亲，外举不避怨。

——《礼记》

有义之谓勇敢，故所贵于勇敢者，贵其能以立义

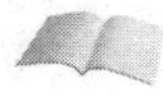

也……所贵于勇敢者，贵其敢行礼义也。

——《礼记》

勇敢强有力者，天下无事，则用之于礼义；天下有事，则用之于战胜。用之于战胜则无敌，用之于礼义则顺治。外无敌，内顺治，此之谓盛德。

——《礼记》

临财毋苟得。

——《礼记》

居其位无其言，君子耻之。

——《礼记》

臣下竭力尽能以立功于国。

——《礼记》

苟利国家，不求富贵。

——《礼记》

矩不正，不可以为方；规不正，不可以为圆。

——刘　安

文吏空无仁义之学，居住食禄，终无以效，所谓尸位素餐者也。素者，空也；空虚无德，餐人之禄，故曰素餐。无道艺之业，不晓政治，默坐朝廷，不能言事，与尸无异，故曰尸位。

——王　充

勇于义而果于德，不以贫富、贵贱、死生动其心。

——扬　雄

曲意而使人喜，不若直躬而使人忌。

——洪应明

人只一念贪私，便销刚为柔，塞智为昏，变恩为惨，染洁为污，坏了一生人品。

——洪应明

公则无不明，正则无不达。

——王守仁

非至公无以绝天下之私，非至正无以息天下之邪，非至善无以化天下之恶。

——王守仁

能守节者始可制奸赃之吏，镇豪猾之人，法乃不私，民则无枉。

——范仲淹

天下官吏不廉则曲法，曲法则害民。

——范仲淹

直言之士，千古谓之忠；巧言之人，千古谓之佞。

——范仲淹

不以一心之戚而忘天下之忧。

——范仲淹

赴汤火，蹈白刃，武夫之勇可能也；克己自胜，非君子之大勇不可能也。

——程颢　程颐

勇一也，而用不同，有勇于气者，有勇于义者。君子勇于义，小人勇于气。

——程颢　程颐

忧国者不顾其身，爱民者不罔其上。

——林　逋

苟不善，虽子弟不赦，则于天下无所私矣。

——傅　玄

小勇，血气所为；大勇，义理所发。

——朱　熹

义不当死，则慎以全身；义不可生，取决以致命。

——王夫之

不仁而有勇力才能，则狂而操利兵也。

——董仲舒

国而忘家，公而忘私！利不苟就，害不苟去，唯义所在。

——贾　谊

夫生不可不惜，不可苟惜……行诚孝而见贼，履仁义而得罪，丧身以全家，泯躯而济国，君子不咎也。

——颜之推

保天下者，匹夫之贱，与有责焉耳矣。

——顾炎武

不知不可为而为之，愚人也；知其不可为而不为，贤人也；知其不可为而为之，圣人也。

——张　岱

欲服军心，必先尚廉介；欲求廉介，必先崇俭朴。

——曾国藩

慎独为入德之方

君子有九思：视思明，听思聪，色思温，貌思恭，言思忠，事思敬，疑思问，忿思难，见得思义。

——孔　子

吾十有五而志于学，三十而立，四十而不惑，五十而知天命，六十而耳顺，七十而从心所欲，不逾矩。

——孔　子

三人行，必有我师焉；择其善者而从之，其不善者而改之。

——孔　子

躬自厚而薄责于人，则远怨矣。

——孔　子

过而不改，是谓过矣。

——孔　子

士志于道，而耻恶衣恶食者，未足与议也。

——孔　子

吾日三省吾身——为人谋而不忠乎？与朋友交而不信乎？传不习乎？

——孔　子

苟志于仁矣，无恶也。

——孔　子

见贤思齐焉，见不贤而内自省也。

——孔　子

内省不疚，夫何忧何惧。

——孔　子

过，则勿惮改。

——孔　子

不迁怒，不贰过。

——孔　子

恭而无礼则劳，慎而无礼则葸，勇而无礼则乱，直而无礼则绞。

——孔　子

子路，人告之以有过，则喜。禹闻善言，则拜。大舜有大焉，善与人同，舍己从人，乐取于人以为善。

——孟　子

反身而诚，乐莫大焉。

——孟　子

爱人不亲，反其仁；治人不治，反其智；礼人不答，反其敬。行有不得者皆反求诸己，其身正而天下归之。

——孟　子

古之君子，过则改之。今之君子，过则顺之。古之君子，其过也，如日月之食，民皆见之；及其更也，民皆仰之。今之君子，岂徒顺之，又从为之辞。

——孟　子

见善，修然必以自存也；见不善，愀然必以自省也。

——荀　子

人无礼，则不生；事无礼，则不成；国家无礼，则不宁。

——荀　子

志意修，则骄富贵；道义重，则轻王公，内省而外物轻矣。

——荀　子

道虽迩，不行不至；事虽小，不为不成。

——荀　子

谄谀者亲，谏争者疏，修正为笑，至忠为贼，虽欲无灭亡得乎哉。

——荀　子

身修而后家齐，家齐而后国治，国治而后天下平。自天子以至庶人，壹是皆以修身为本。

——《礼记》

诚其意者，毋自欺也。如恶恶臭，如好好色，此之谓自谦，故君子心慎其独也。

——《礼记》

见贤而不能举，举而不能先，命也。

——《礼记》

君子有大道，必忠信以得之，骄泰以失之。

——《礼记》

修身则道立，尊贤则不惑，亲亲则诸父昆弟不怨。

——《礼记》

所以修身也，去谗远色，贱货贵德。

——《礼记》

正己而不求于人，则无怨，上不怨天，下不尤人。

——《礼记》

好学近乎知，力行近乎仁，知耻近乎勇，知斯之者，则知所以修身。

——《礼记》

君子戒慎乎其所不睹，恐惧乎其所不闻。莫见乎隐，莫显乎微。故君子慎其独也。

——《礼记》

敦善行而不怠，谓之君子。

——《礼记》

知不足，然后能自反也。

——《礼记》

闻善而行之如争，闻恶而改之如仇，然后祸灾可离，然后保福也。

——贾　谊

夫射而不中者，不求之鹄，而反修之于已。

——贾　谊

人患不知其过，既知之不能改，是无勇也。

——韩　愈

闻过则喜，知过不讳，改过不惮。

——陆九渊

不勇不改，而徒追咎懊悔者，非某之所闻也。

——陆九渊

慎独即不自欺。

——陆九渊

人惟患无志，有志无有不成者。

——陆九渊

见善能迁，则可以尽天下之善；有过能改，则无过矣。

——程颢　程颐

慎独为入德之方。

——叶　适

大立志向，而细密著工夫。

——朱　熹

问慎独。曰：“是从见闻处至不睹不闻处皆戒慎了，又就其中于独处更加慎也。”

——朱　熹

日省其身，有则改之，无则加勉。

——朱　熹

过于前者，不复于后。

——朱　熹

喜来时一点检，怒来时一点检，怠惰时一点检，放肆时一点检，此是省察大条款。人到此多想不起、

顾不得，一错了便悔不及。

——吕　坤

无慎独功夫，不是真学问；无大庭效验，不是真慎独。

——吕　坤

有过是一过，不肯认过，又是一过。一认过则两过都无，一不认则两过不免。

——吕　坤

反己者，触事皆成药石；尤人者，动念即是戈矛。一以辟众善之路，一以浚诸恶之源，相去霄壤矣。

——洪应明

慎独者，与人交接之本也。君子戒慎于不睹不闻，省察于莫见莫显。

——洪应明

能克已，方能成已。

——王守仁

防于未萌之先，而克于方萌之际。

——王守仁

发动处有不善，就将这不善的念克倒了，须要彻根彻底，不使那一念不善潜伏在胸中。

——王守仁

夫学莫先于立志。志不立，犹不种其根而徒事培壅灌溉，劳苦无成矣。士之所以因循苟且，随俗习非，而卒归于污下者，凡以志之弗立也。

——王守仁

志不立，天下无可成之事，虽百工技艺，未有不本于志者。

——王守仁

立志而圣，则圣矣；立志而贤，则贤矣。

——王守仁

夫过者，自大贤所不免，然不害其卒为大贤者，为其能改也。故不贵于无过，而贵于能改过……但能一旦脱然洗涤旧染，虽昔为寇盗，今日不害为君子矣。

——王守仁

吾人迁善改过，无论大小，皆须以全副力量赴之。

——颜　元

善恶要知，更要断。知一善则断然为之，知一恶则断然去之，庶乎善日积而恶日远也。

——颜　元

志不真则心不热，心不热则功不紧。

——颜　元

过而不能知，是不智也；知而不能改，是不勇也。

——李　觏

夫心贵乎公，而量贵乎大。公则视人如一，大则无物不包。

——李　觏

志者，心之所之。之犹向也，谓心之正面全向哪里去。如志于道，是心全向于道；志于学，是心全向于学。一直去求讨要，必得这个物事，便是志。

——陈　淳

须是立志，以圣贤自期，便能卓然挺出于流俗之中，不至随波逐浪，为碌碌庸庸之辈。

——陈　淳

志小则易足，易足则无由进。

——张　载

过虽在人如在己，不忘自讼。

——张　载

以责人之心责己则尽道。

——张　载

自反则裕，责人则蔽。君子不临事而恕己，然后有自发之功。反自者，修身之本也。

——胡　宏

学者必欲进德，则行己不可不直。

——杨　时

勤俭两件，犹夫阴阳表里，缺一不可。勤而不俭，譬如漏卮，虽满积而亦无所存；俭而不勤，譬如石田，虽谨守而亦无所获。须知勤必要俭，俭必要勤。

——石成金

人生在世，须做一事业，切不可太闲……一日不可无常业，安闲便易起邪心。

——石成金

俭有四益：凡贪淫之过未有不生于奢侈者，俭则不贪不淫，是俭可养德也；人之受用自有剂量，省啬淡泊有长久之理，是俭可养寿也；醉浓饱鲜，昏人神志，若蔬食菜羹，则肠胃清虚，无滓无秽，是俭可养神也；奢者妄取苟求，志气卑辱，一从俭约，则于人无求，于己无愧，是俭可养气也。

——石成金

公生明，偏生暗。

——石成金

惟正足以服人。

——石成金

惟公则生明，惟廉则生威。

——石成金

俭则无贪淫之累，故能成其廉。

——石成金

凡做人做事都先要立志……盖志定则外物外欲俱不能移。……志若坚定，做人做事者未有不成就者。

——石成金

责我以过，皆当虚心体察，不必论其人何如。局外之言，往往多中……若指我之失，即浅学所论，亦常有理，不可忽也。

——石成金

世路风霜，吾人炼心之境也；世情冷暖，吾人忍性之地也；世事颠倒，吾人修行之资也。大丈夫处世，不可少此磨炼。玉磨成器，铁炼成钢。

——石成金

内不欺己，外不欺人，上不欺天，君子所以慎独。

——石成金

有志不在年高，无志空活百岁。

——石成金

可俭而不可吝已。俭者，省约为礼之谓也；吝者，穷急不恤之谓也……俭而不吝，可矣。

——颜之推

人非尧舜，安能无过？过而能改，且改之又改，即是圣贤功夫。

——陈　确

小善小恶，最易忽略。凡人日用云为，小小害道，自谓无妨。不知此“无妨”二字种祸最毒。今之自暴自弃，下愚不肖，总只此“无妨”二字，不知不觉，积成大恶。

——陈　确

君子之言以理为直，不以无隐为直。无隐而未当理，即不直在我矣。

——陈　确

义士不欺心，廉士不妄取。

——刘　向

己不贪，不以贪恕人；己不欲，不以私待使客。

——海　瑞

公以生其明，俭以养其廉，是诚为邑之要道，处世临民之龟镜也。

——海　瑞

“刻苦”二字乃自古圣贤第一步功夫，今世才士往往失守，其病根总在不能刻苦。“俭以养廉”，古训可宝，贪官酷吏，非必性然，率因不能刻苦。

——宋　恕

律己宜带秋气，处世宜带春气。

——张　潮

人须先立志，志立则有根本。譬如树木，须先有个根本，然后培养，能成合抱之木。

——谢良佐

勉人为善，谏人为恶。

——袁　采

凡吾人之处事，心以为可，心以为是，人虽不在，神已知之矣。吾人处事，心以为不可，心以为非，人虽不知，神已知之矣。吾心即神，心不可欺，神亦不可欺。

——袁　采

“独”也者，方乎存志，未著于事，人之所不见也。凡见之端在隐，显之端在微，动之端在独。

——戴　震

无口过易，无身过难；无身过易，无心过难。

——邵　雍

俭者，节其耳目口体之欲，节己不节人。

——王夫之

善澄水者，去垢不去波；善正心者，去妄不去意。

——张　岱

与益友处，如春夏之日，以渐加长而不觉；与损友处，如火之膏，亦以渐消灭而不觉。

——张　岱

养气非求之于气，知言非求之于言。养气者养心，知言者知心，此孟子之得于心者也。

——张　岱

养气须是：钱不妄受，色不妄交，立定根基，方可集义。

——张　岱

天下无现成之人才，亦无生知之卓识，大抵皆由勉强磨炼而出耳。

——曾国藩

贤与不肖之等奚判乎？视乎改过之勇怯以为差而已矣……改过什于人者，贤亦什于人；改过佰于人者，贤亦佰于人。尤贤者，光明焉；尤不肖者，怙终焉而已。

——曾国藩

勤不必有过人之精神，竭吾力而已矣。

——曾国藩

勤之道有五：一曰身勤，险远之路，身往验之；艰苦之境，身亲尝之。二曰眼勤，遇一人，必详细察看；接一文，必反复审阅。三曰手勤，易弃之物，随手收拾；易忘之事，随笔记载。四曰口勤，待同僚，则互相规劝；待下属，则再三训导。五曰心勤，精诚所至，金石亦开；苦思所积，鬼神亦通。五者皆到，无不尽之职也。

——曾国藩

匹夫不可夺志

虽受屈不毁其节。

——孔　子

见利不亏其义，见死不更其守。

——孔　子

存亡祸福皆己而已，天灾地妖不能加也。

——孔　子

不曰坚乎，磨而不磷；不曰白乎，涅而不缁。

——孔　子

三军可夺帅也，匹夫不可夺志也。

——孔　子

岁寒，然后知松柏之后凋也。

——孔　子

不降其志，不辱其身。

——孔　子

譬如为山，未成一篑，止，吾止也。譬如平地，虽覆一篑，进，吾往也。

——孔　子

临大节而不可夺也——君子人与？君子人也。

——孔　子

其为人也，发愤忘食，乐以忘忧，不知老之将至。

——孔　子

为仁由己，而由人乎哉？

——孔　子

君子病无能焉，不病人之不己知也。

——孔　子

君子求诸己，小人求诸人。

——孔　子

不患无位，患所以立。不患莫己知，求为可知也。

——孔　子

仁远乎哉？我欲仁，斯仁至矣。

——孔　子

居天下之广居，立天下之正位，行天下之大道。得志，与民由之；不得志，独行其道。富贵不能淫，贫贱不能移，威武不能屈，此之谓大丈夫。

——孟　子

天将降大任于斯人也，必先苦其心志，劳其筋骨，饿其体肤，空乏其身，行拂乱其所为，所以动心忍性，曾益其所不能。

——孟　子

出于其类，拔乎其萃。

——孟　子

羿之教人射，必志于彀，学者亦必志于彀。

——孟　子

一箪食，一豆羹，得之则生，弗得则死，呼尔而与之，行道之人弗受，蹴尔而与之，乞人不屑之。

——孟　子

欲贵者，人之同心者。人人有贵于己者，弗思耳矣。人之所贵者，非良贵也。赵孟之所贵，赵孟能贱之。

——孟　子

有孺子歌曰："沧浪之水清兮，可以濯我缨；沧

浪之水浊兮，可以濯我足。”孔子曰：“小子听之！清斯濯缨，浊斯濯足矣。自取之也。”

——孟　子

自暴者，不可与有言也；自弃者，不可与有为也。

——孟　子

曹交问曰：“人皆可以为尧舜，有诸?”孟子曰：“然。”

——孟　子

颜渊曰：“舜，何人也？予，何人也？有为者亦若是。”

——孟　子

权利不能倾也，群众不能移也，天下不能荡也。生乎由是，死乎由是，夫是之谓德操。德操然后能定，能定然后能应。

——荀　子

良农不为水旱不耕，良贾不为折阅不市，士君子不为贫穷怠乎道。

——荀　子

以修身自强，则名配尧舜。

——荀　子

水火有气而无生，草木有生而无知，禽兽有知而无义；人有气、有生、有知亦且有义，故最为天下贵也。

——荀 子

小人可以为君子而不肯为君子，君子可以为小人而不肯为小人。

——荀 子

“涂之人可以为禹”，曷谓也……涂之人也，皆有可以知仁义法正之质，皆有可以能仁义法正之具，然则其可以为禹明矣。

——荀 子

君子易知而难狎，易惧而难胁，畏患而不避义死，欲利而不为所非，交亲而不比，言辩而不辞，荡荡乎其有以殊于世也。

——荀 子

劫之以众，沮之以兵，见死不更其守。

——《礼记》

身可危也，而志不可夺也。

——《礼记》

大寒至，霜雪降，然后知松柏之茂也；据难履

危，利害陈于前，然后知圣人之不失道也。

——刘　安

圣人不贵尺之璧，而重寸之阴，时难得而易失也。

——刘　安

怨人不如自怨，求诸人不如求诸己得也。

——刘　安

自人君公卿至于庶人，不自强而功成者，天下未之有也。

——刘　安

夫进也者，进于道，慕于德，殷之以仁义；进而进，退而退，日孜孜而不自知倦者也。

——扬　雄

人必其自爱也，而后人爱诸；人必其自敬也，而后人敬诸。

——扬　雄

人之超然万物之上，而最为天下贵也。

——董仲舒

居贫苦而志不倦。

——王　充

均是人也，虽愚可使必明，虽柔可使必强……于是而曰：“我不能。”其为自弃也果矣。

——陆九渊

良心正性，人所均有，不失其心，不乖其性，谁非正人？纵有乖失，思而复之，何远之有？

——陆九渊

自立、自重，不可随人脚跟，学人言语。

——陆九渊

不可自暴、自弃、自屈。

——陆九渊

人皆可以为圣人，而君子之学必至圣人而后已。不至圣人而自已者，皆自弃也。

——程颢　程颐

“惟上智与下愚不移”，非谓不可移也，而有不移之理。所以不移者，只有两般：为自暴自弃，不肯学也。使其肯学，不自暴自弃，安不可移哉？

——程颢　程颐

不自重者取辱，不自畏者招祸，不自满者受益，不自是者博闻。

——林　逋

仁义礼智本自修，人必钦崇之；放僻邪侈本自贱，人必轻鄙之。

——林　逋

见善明，则重名节如泰山；用心刚，则轻死生如鸿毛。

——林　逋

不艰难，不见忠臣之心；不临财，不见义士之节。

——林　逋

学者自强不息，则积少成多；中道而止，则前功尽弃。其止其往，皆在我而不在人也。

——朱　熹

人能有为，则皆如舜也。

——朱　熹

精神爽奋，则百废俱兴；肢体怠弛，则百兴俱废。

——吕　坤

能愧能奋，圣人可至。

——吕　坤

分明认得自家是，只管担当直前做去。却因毁言辄便消沮，这是极无定力底，不可以任天下之重。

——吕　坤

圣人有功于天地，只是“人事”二字。

——吕　坤

所贵乎刚者，贵其能胜己也，大以其能胜人也。

——吕　坤

事业文章随身销毁，而精神万古如新；功名富贵逐世转移，而气节千载一日，君子信不当以彼易此也。

——洪应明

只一优游不振，便终身无个进步。

——洪应明

日既暮而犹烟霞绚烂，岁将晚而更橙橘芳馨。故末路晚年，君子更宜精神百倍。

——洪应明

人定胜天，志一动气，君子亦不受造化之陶铸。

——洪应明

烈士之所以异于恒人，以其仗节以死谊。

——刘禹锡

君子自知自信，了然不惑。

——张　载

学者直须自尊自贵，时时以对贤之道自责，既不

甘自卑，必不敢自足。

——陈　确

对人非人耶？亦人也。使圣而非人也则可；圣亦人也，则人亦尽圣也，何为不可至哉？

——陈　确

中人可易为上智，凡夫可祈天永命，造化自我立焉。

——魏　源

志士惜年，贤人惜日，圣人惜时。

——魏　源

立德、立功、立言、立节，谓之四不朽。

——魏　源

君子不节，仁者之勇也。

——魏　源

守节贞固，患难不能迁其心。

——柳宗元

人无气节不可处患难，无涵养不可处患难。

——陈献章

人一身与天地参立，岂可不知自贵重？

——陈献章

自尊自重，自轻自贱……尊重轻贱自我，慎择而处之。

——姚舜牧

岁寒后凋，是圣人慨叹俗眼识鉴何迟。若是法眼，见松柏，就知是后凋。铁骨刚肠，一见即决，何待岁寒始有知己也。

——张　岱

君子虽困厄折挫，其道自直，所谓石压笋斜出矣。

——张　岱

松柏之姿，经霜弥茂；蒲柳之质，望秋先零。

——张　岱

天下断无易处之境遇，人间哪有空闲的光阴。

——曾国藩

见利思义

君子喻于义，小人喻于利。

——孔　子

君子之于天下也，无适也，无莫也，义之与比。

——孔　子

富与贵，是人之所欲也，不以其道得之，不处也。贫与贱，是人之所恶也，不以其道得之，不去也。

——孔　子

君子谋道不谋食……君子忧道不忧贫。

——孔　子

君子义以为质。

——孔　子

君子义以为上。

——孔　子

不义而富且贵，于我如浮云。

——孔 子

非其义者，非其道也，一介不以与人，一介不以取诸人。

——孟 子

见利思义。

——孔 子

保利弃义，谓之至贼。

——荀 子

君子之能，以公义胜私欲也。

——荀 子

先义而后利者荣，先利而后义者辱。

——荀 子

义与利者，人之所两有也。虽尧、舜不能去民之欲利，然而能使其欲利不克其好义也。虽桀、纣亦不能去民之好义，然而能使其好义不胜其欲利也。故义胜利者为治世，利克义者为乱世。

——荀 子

公道达而私门塞矣，公义明而私事息矣。

——荀 子

大道之行也，天下为公，选贤与能，讲信修睦。

——《礼记》

生财有大道，生之者众，食之者寡，为之者疾，用之者舒，则财恒足矣！

——《礼记》

仁者以财发身；不仁者以身发财。

——《礼记》

国不以利为利，以义为利也。

——《礼记》

君子思义而不虑利，小人贪利而不顾义。

——刘　安

不观大义者，不知生之不足贪也；不闻大言者，不知天下之不足利也。

——刘　安

仁者不以欲伤生，知者不以利害义。

——刘　安

公正无私，一言而万民齐。

——刘　安

天之生人也，使人生义与利。利以养其体，义以养其心。心不得义不能乐，体不得利不能安。义者，心之养也；利者，体之养也。体莫贵于心，故养莫重于义，义之养生人大于利。

——董仲舒

主而忘身，国而忘家，公而忘私，利不苟就，害不苟去，唯义所在。

——贾　谊

惟至公不敢私其所私，私则不正。

——欧阳修

利者，众人所同欲也。专欲益己，其害大矣。欲之甚，则昏蔽而忘义理；求之极，则侵夺而致仇怨。

——程颢　程颐

义与利，只是个公与私也。

——程颢　程颐

不论利害，惟看义当为与不当为。

——程颢　程颐

心知不作功名计，只为苍生未敢休。

——朱　熹

事无大小，皆有义利。

——朱　熹

人只有一个公私，天下只有一个邪正。

——朱　熹

将天下正大底道理去处置事，便公；以自家私意去处之，便私。

——朱　熹

盖是君子之心虚明洞彻，见得义分明。

——朱　熹

凡事不可先有个利心，才说着利，必害于义。圣人做处，只向义边做。

——朱　熹

义之和处便是利。

——朱　熹

以其平日为己之心为公家办事，自然修举……

——朱　熹

官无大小，凡事只是一个公。若公时，做得来也精彩。便若小官，人也望风畏服。若不公，便是宰相，做来做去，也只得个没下梢。

——朱　熹

圣贤处利让利，处名让名，故淡然恬然，不与世忤。

——吕　坤

人一生大罪过，只在“自是自私”四字。

——吕　坤

“公私”两字，是宇宙的人鬼关。若自朝堂以至闾里，只把持得“公”字定，便自天清地宁，政清讼息；只一个“私”字，扰攘得不成世界。

——吕　坤

君子与人共事，当公人己而不私。苟事之成，不必功之出自我也；不幸而败，不必咎之归诸人也。

——吕　坤

当是非邪正之交，不可少迁就；值利害得失之会，不可太分明。

——洪应明

正其谊以谋其利，明其道而计其功。

——颜　元

天下至公也，一身至私也，循公而灭私，是五尺竖子咸知之也。

——李　觏

以道言之，选贤任能以匡扶社稷者，天下之

公也。

——王夫之

以天下论者，必循天下之公，天下非一姓之私也。

——王夫之

君子谋道不谋富。

——柳宗元

公则四通八达，私则偏向一隅。

——薛　瑄

天下事皆以天下心出之，不宜以私慧小智，示人不广。

——梁任公

至公无私。

——马　融

天无私，四时行；地无私，万物生；人无私，大亨贞。

——马　融

苟利社稷，则不顾其身。

——马　融

公义不亏于上，私行不失于下。

——王安石

“周”与“比”不在量之广狭，而在情之公私。情公，即一人相信亦“周”；情私，即到处倾盖亦“比”。以普爱众人，专昵一人分“周”“比”者，误。

——张　岱

入富贵而不淫，入贫贱而不乱，入夷狄患难而不惊，天不能造我荣枯，人不能司我顺逆。廓然平易，坦然高明，君子所为通天地万物为大身者也。

——张　岱

德为本，财为末，外本内末，以身发财，则本乱矣。

——张　岱

学而不厌

好仁不好学，其蔽也愚；好知不好学，其蔽也荡；好信不好学，其蔽也贼；好直不好学，其蔽也绞；好勇不好学，其蔽也乱；好刚不好学，其蔽也狂。

——孔　子

百工居肆以成其事，君子学以致其道。

——孔　子

博学而笃志，切问而近思。

——孔　子

我非生而知之者，好古，敏以求之者也。

——孔　子

学而不厌，诲人不倦。

——孔　子

学而不思则罔，思而不学则殆。

——孔　子

木受绳则直，金就砺则利，君子博学而日参省乎己，则知明而行无过矣。

——荀　子

古之学者为己，今之学者为人。君子之学也，以美其身；小人之学也，以为禽犊。

——荀　子

学不可以已。

——荀　子

故不登泰山，不知天之高也。不临深溪，不知地之厚也。

——荀　子

不积跬步，无以至千里。不积小流，无以成江海。骐骥一跃，不能十步，驽马十驾，功在不舍。锲而舍之，朽木不折；锲而不舍，金石可镂。

——荀　子

言而当，知也。默而当，亦知也。故知默犹知言也。

——荀　子

君子耻不修，不耻见污；耻不信，不耻不见信；耻不能，不耻不见用。是以不诱于誉，不恐于诽。

——荀　子

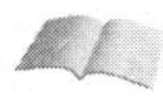

知莫大乎弃疑，行莫大乎无过，事莫大乎无悔。

——荀　子

心知道然后可道，可道然后能守道以禁非道。

——荀　子

玉不琢，不成器；人不学，不知道。

——《礼记》

虽有嘉肴，弗食不知其旨也；虽有至道，弗学不知其善也。

——《礼记》

大学之道，在明明德，在亲民，在止于至善。

——《礼记》

如切如磋者，道学也；如琢如磨者，自修也。

——《礼记》

子曰：好学近乎知，力行近乎仁，知耻近乎勇。

——《礼记》

博学之，审问之，慎思之，明辨之，笃行之。

——《礼记》

是以泰山不让土壤，故能成其大；河海不择细流，故能就其深。

——李　斯

人才有高下，知物由学，学之乃知，不问不识……所谓圣者，须学以圣。

——王　充

骨曰切，象曰磋，玉曰琢，石曰磨；切磋琢磨，乃成宝器。人之学问知能成就，犹骨象玉石切磋琢磨也。

——王　充

学者，所以修性也。视、听、言、貌、思，性所有也。学则正，否则邪。

——扬　雄

学以治之，思以精之，朋友以磨之，名誉以崇之，不倦以终之，可谓好学也已矣。

——扬　雄

百川学海而至于海，丘陵学山而不至于山，是故恶夫画也。

——扬　雄

业精于勤，荒于嬉；行成于思，毁于随。

——韩　愈

善学者进德。

——程颢　程颐

学必激昂自进，不至于成德，不敢安也。

——程颢　程颐

贤者由学以明，不贤者废学以昏。

——方孝孺

君子之贵才学，以成身也，非以矜己也；以济世也，非以夸人也。

——吕　坤

做到老，学到老，此心自光明正大，过人远矣。

——姚舜牧

凡事莫推明日，明日最是误人。

——石成金

江水印月而月在江，盂水受月而月在盂。盖月无大小，不应作江水盂水看，贤不贤之识亦如是。

——张　岱

士先德器而后才能；马先驯良而后千里。善御马者，取其力于德之中；善相马者，喜其德于力之外。

——张　岱

我与物得信而交，金石之坚，天地之远，苟有诚信，无所不通，吾然后知信之为輗軏也。

——张　岱

如人摆设书房床椅，互易其处，便觉耳目清爽。“变”字亦学问，治道所不可少。

——张　岱

圣贤工夫，平平实实，不必说玄说幻。

——张　岱

君子进德修业，全在能动能变，此风雷之所以为益也。不修不讲，不徒不改，全然不动不变，则益在何处？故曰：“吾忧。”

——张　岱

老子云：“善人者，不善人之师；不善人者，善人之资。”改之，即是资，即是师。

——张　岱

“如之何，如之何”，乃心与口自相商量之词。率意妄行之人，其病有二：一是躁妄，不肯“如之何”；一是木石，不知“如之何。”圣人即借此三字唤醒，煞是婆心。

——张　岱

历万变而不失其“正”者，“贞”也！

——张　岱

学贵自信自立，不是倚傍世界做得的，求自得而

 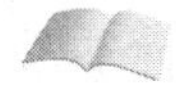

已。自得之学，居安则动不危，资深则机不露。

——张　岱

井不及泉，谓之井可乎？钟不能声，谓之钟可乎？若记问之学，不足为人师者，以其言人之言，无所得于心也，其亦所谓井不泉而钟不声者与！

——张　岱

有闻见而无智慧，如人在三光之下而自家无眼，不见一物，终冥然而已。有智慧而无闻见，如明眼人在大暗中举足坑堑，岂不觥虺！

——张　岱

会得“思”、“学”是一非两，“罔”、“殆”便一时扫去，不为两种人设法也。如一屋子散钱，无索子串起；一条条寡索子，无钱可串，皆济不得事。

——张　岱

人欲营利，必时时运动，则家业日长。若守定目前，毫不营运，天欲富汝，亦无从而富汝矣。此言虽小，可以喻学。

——张　岱

道 家 说

修善福应，为恶祸来

美言可以市尊，美行可以加人。

——老　子

功遂身退，天之道也。

——老　子

言有宗，事有君。

——老　子

信不足焉，安有不信焉。

——老　子

夫轻诺者必寡信。

——老　子

天之道……不言而善应。

——老　子

宠辱若惊，贵大患若身。何谓宠辱若惊？宠为下，得之若惊，失之若惊，是谓宠辱若惊。何谓贵大患若身？吾所以有大患者，为吾有身。及吾无身，吾有何患？

——老　子

天下皆知美之为美，斯恶已。皆知善之为善，斯不善已。

——老　子

甚爱必大费，多藏必厚亡。

——老　子

知足不辱，知止不殆。

——老　子

大成若缺，大盈若冲，大直若屈，大巧若拙，大辩若讷。

——老　子

善行无辙迹，善言无瑕谪。

——老　子

后其身而身先，外其身而身存。

——老　子

合抱之木，生于毫末。九层之台，起于垒土。千里之行，始于足下。

——老　子

慎终如始，则无败事。

——老　子

知人者智，自知者明。胜人者有力，自胜者强。知足者富，强行者有志，不失其所者久，死而不亡者寿。

——老　子

上士闻道，勤而行之；中士闻道，若存若亡；下士闻道，大笑之。不笑不足以为道。故建言有之："明道若昧，进道若退，夷道若颣。"

——老　子

善者吾善之，不善者吾亦善之。

——老　子

轻诺必寡信，多易必多难。

——老　子

多言数穷，不如守中。

——老　子

处无为之事，行不言之教。

——老　子

圣人不积，既以为人己愈有，既以与人己愈多。

——老　子

天之道，利而不害；圣人之道，为而不争。

——老　子

将欲歙之，必固张之；将欲弱之，必固强之；将欲废之，必固兴之；将欲取之，必固与之。是谓微明。柔弱胜刚强。鱼不可脱于渊，国之利器不可以示人。

——老　子

道常无为而无不为。侯王若能守之，万物将自化。

——老　子

以道佐人主者，不以兵强天下。其事好还。师之所处，荆棘生焉；大军之后，必有凶年。

——老　子

曲则全，枉则直，洼则盈，敝则新，少则得，多则惑。是以圣人抱一为天下式。

——老　子

大道废，有仁义；智慧出，有大伪；六亲不和，有孝慈；国家昏乱，有忠臣。

——老　子

致虚极，守静笃；万物并作，吾以观复。夫物芸芸，各复归其根。归根曰静，静曰复命。复命曰常，知常曰明。不知常，妄作，凶。知常容，容乃公，公

乃王，王乃天，天乃道，道乃久，没身不殆。

——老　子

和大怨，必有余怨；报怨以德，安可以为善？是以圣人执左契，而不责于人。有德司契，无德司彻。天道无亲，常与善人。

——老　子

用兵有言："吾不敢为主而为客，不敢进寸而退尺。"是谓行无行，攘无臂，扔无敌，执无兵。祸莫大于轻敌，轻敌几丧吾宝。故抗兵相若，哀者胜矣。

——老　子

孔德之容，惟道是从。道之为物，惟恍惟惚。惚兮恍兮，其中有象；恍兮惚兮，其中有物；窈兮冥兮，其中有精；其精甚真，其中有信。自今及古，其名不去，以阅众甫。吾何以知众甫之状哉？以此。

——老　子

知不知，上；不知知，病。圣人不病，以其病病。夫惟病病，是以不病。

——老　子

民不畏威，则大威至。无狎其所居，无厌其所生。夫惟不厌，是以不厌。

——老　子

名与身孰亲？身与货孰多？得与亡孰病？是故甚

爱必大费，多藏必厚亡。故知足不辱，知止不殆，可以长久。

——老　子

小人则以身殉利，士则以身殉名，大夫则以身殉家，圣人则以身殉天下。

——庄　子

至言不出，俗言胜也。

——庄　子

长者不为有余，短者不为不足。是故凫胫虽短，续之则忧；鹤胫虽长，断之则悲。

——庄　子

小惑易方，大惑易性。

——庄　子

人亲莫不欲其子之孝，而孝未必爱。

——庄　子

吾生也有涯，而知也无涯。以有涯随无涯，殆已。

——庄　子

朴素，而天下莫能与之争美。

——庄　子

有人之形，无人之情。有人之形，故群于人；无

人之情，故是非不得于身。

——庄　子

君子之交淡若水，小人之交甘若醴。君子淡以亲，小人甘以绝。

——庄　子

力不足则伪，知不足则欺，财不足则盗。

——庄　子

人主莫不欲其臣之忠，而忠未必信。

——庄　子

小人殉财，君子殉名。

——庄　子

得而不喜，失而不忧。

——庄　子

人皆知有用之用，而莫知无用之用也。

——庄　子

生而不说，死而不祸。

自细视大者不尽，自大视细者不明。

——庄　子

与人和者，谓之人乐；与天和者，谓之天乐。

——庄　子

好面誉人者，亦好背而毁之。

——庄　子

安时而处顺，哀乐不能入也。

——庄　子

众人重利，廉士重名，贤人尚志，圣人贵精。

——庄　子

君不见，千丈梯倚于峻岭，蹑之可至峰巅，临于陆地，则数尺墙不可越，梯非不及，所立者非。万斛之舟，安于大川，济之可涉江海，委于湫水，则数步溪不可渡，舟非不能，所安者非。

——庄　子

知道易，勿言难。知而不言，所以之天也；知而言之，所以之人也。古之至人，天而不人。

——庄　子

从事华辞，以支为旨……使民离实学伪……难治也。

——庄　子

真者，精诚之至也。……真在内者，神动于外，是所以贵真也。其用于人理也，事亲则慈孝，事君则忠贞，饮酒则欢乐，处丧则悲哀。……礼者，世俗之所为也；真者，所以受于天也，自然不可易也。故圣

人法天贵真，不拘于俗。

——庄　子

孝子不谀其亲，忠臣不谄其君，臣子之盛也。

——庄　子

临事多变，使人莫测谓之智；专一致志，守一如常谓之信；济人利物，每事宽恕谓之仁；处事果决，秉心刚烈谓之勇；谨勿笑语，重厚自恃谓之严。

——白玉蟾

夫名利不可不求，求之自有分定，识破者自无萦绊；恩爱不可不济，济之自有分缘，识破者自无牵缠。

——萧道冉

凡有动作，不可过劳，过劳则损气；不可不动，不动则气血凝滞。须要动静得其中，然后可以守常安分。

——张三丰

福自我求，命自我造，阴骘可以延年。

——张三丰

凡侍候权门，自炫奇技者，皆不轨徇利之人也。

——张三丰

不亲贤才，则奸雄坏政；不敦诗礼，则子孙

奢狂。

——张三丰

相自我改，命自我造。

——张三丰

欲知处世之道者，吾乃劝文曰：“爱人。”

——张三丰

善保身者，谈笑宜少，读书宜和。

——张三丰

道学不得轻慢弟子；道学不得教人轻慢弟子。

——宇文邕

言不过行。

——宇文邕

学当师授。学不师受，不可以教人。何以故？一者恐误后学；二者既不师受，人或不信，倘生不信，便有诽谤。

——宇文邕

道学不得口善、心怀阴恶。

——宇文邕

道学施恶于己，己受恶，不得有怨。

——宇文邕

道学不得背师恩爱；道学不得教人背师恩爱。

——宇文邕

俗世之人，少孝少忠，贪慕所好，劫夺取非，其有杀心，不离口吻，何望活哉？会有殃咎，早与晚耳。

——于吉　宫崇

力行善反得恶者，是承负先人之过，流灾前后积来害此人也。其行恶反得善者，是先人深有积蓄大功，来流及此人也。能行大功万万倍之，先人虽有余殃，不能及此人也。

——于吉　宫崇

人而守其道德礼义，则刑罚不起矣；失其道德礼义，则刑罚兴起矣。故守善道者，凶路自绝，不教其去而自去；守凶道者，言路自绝。

——于吉　宫崇

聚众人亿万，不若事一贤也。

——于吉　宫崇

非其有，不可强取；非其土地，不可强种，种之不生。

——于吉　宫崇

故天地之性，下亦革谏其上，上亦革谏其下，各有所长短，因以相补，然后天道凡万事，各得其所。……大圣所短，不若贤者所长。人之所短，不若万物之所长。

——于吉　宫崇

一人之言，不可独从也。

——于吉　宫崇

故以猾智知国，国之大贼也。故古者圣人，常务授其真道，不授浮华伪相巧弄之法也。

——于吉　宫崇

得其人，事无难易，皆可行矣；不得其人，事无大小，皆不可为也。……得其人则理，不得其人则乱矣。

——于吉　宫崇

若妄取人财物，则当思施与贫困以解之。若以罪加人，则当思荐达贤人以解之。……行善不怠，必得吉报。

——葛　洪

善事难为，恶事易做。

——葛　洪

故道家言枉煞人者，是以兵刃而更相杀。其取非义之财，不避怨恨，譬若以漏脯救饥，鸩酒解渴，非

不暂饱而死亦及之矣。

——葛　洪

有一善，若庆云之浮辉，天下之所欣贺；有一恶，若朝日之带蚀，天下之所伤。

——罗　隐

文者道之以德，德在乎内诚，不在乎夸饰者也。

——罗　隐

众所之誉者，不可必谓其善也；众之所毁者，不可必谓其恶也。我之所亲者，不可必谓其贤也；我之所疏者，不可必谓其鄙也。……众议不必是，独见未为得也。

——罗　隐

夫经以检恶，戒以防非。

——朱法满

一毫之善，与人方便；一毫之恶，劝君莫做。衣食随缘，自然快乐。算的甚命？问什么卜？欺人是祸，饶人是福。天眼昭昭，报应甚速。谛听吾言，神钦鬼伏。

——吕洞宾

皇天生万类，万类属皇天。何事纵凌虐，不教生命全？

阴阳成造化，生灭递浮沉。最苦有情物，难当无善心。

——丘处机

灭恶除情作善良，好将名利两俱忘。

——谭处端

为官清政同修道，忠孝仁慈胜出家。行尽这般功德路，定将归去步云霞。

——谭处端

大道常清静，无为守自然。自心不回转，何处觅言传？

——谭处端

恶者，伐身之斧。

——张 陵

人非道言恶，天辄夺算。

——张 陵

福在积善，祸在积恶。

——黄石公

令与心乖者废，后令缪前者毁。

——黄石公

貌合心离者孤。

——黄石公

安在得人，危在失士。

危国无贤人，乱政无善人。爱人深者求贤急，乐得贤者养人厚。国将霸者士皆归，邦将亡者贤先避。

——黄石公

自疑不信人，自信不疑人。

——黄石公

子列子曰：天地无全功，圣人无全能，万物无全用。故天职生覆，地职形载，圣职教化，物职所宜。然则天有所短，地有所长，圣有所否，物有所通。何则？生覆者不能形载，形载者不能教化，教化者不能违所宜，宜定者不出所位。

——列　子

先净除了自己胸腹间几种魑魅魍魉，则外邪自然息灭矣。

——刘　玉

先生曰：别无他说，净明只是正心诚意，忠孝只是扶植纲常。但世儒习闻此语烂熟了，多是忽略过去。此间却务真践实履。

——刘　玉

万法皆空，一诚为实。

——刘　玉

夫有阴德者，必有阳报；有隐行者，必有昭名。

——通玄真人

欲致鱼者先通谷，欲来鸟者先树木，水积而鱼聚，木茂而鸟集。

——通玄真人

百星之明，不如一月之光；十牖毕开，不如一户之明。

——通玄真人

弓先调而后求劲，马先顺而后求良，人先信而后求能。

——通玄真人

祸福无门，唯人自召；善恶之报，如影随形。……所谓善人，人皆敬之，天道佑之，福禄随之，众邪远之，神灵卫之，所做必成，神仙可冀。……诸恶莫做，众善奉行，久久必获吉庆，所谓“转祸为福”也。

——李昌龄

为善事者，必享福报；集阴德者，子孙荣昌。不殄天物，不肆盗淫，不毁正教，善事也。救死扶伤，急人患难，无纵隐贼，阴德也。不做善事，不积阴德，则恶道无所不入矣。

——曾 慥

顽愚不省，祸福还如身逐影；劫运天灾，都是人人心上来。若明此理，视物应当同自己；了见天真，善恶临时全在人。

——尹志平

劫运阴阳数，天灾人自招。一心常吉善，百祸永潜消。

心平憎爱少，意曲是非多。逐恶沉幽境，归真潜大罗。

——尹志平

莫要欺人重，须防报应深。群真降世布清吟。劝化愚迷，灾祸免相侵。

更悟真常性，勤修吉善心。长生路上听仙音。正道无疑，稳步赴瑶岑。

——尹志平

好辩机关恶，无争滋味长。欺谩成地狱，平等是天堂。

——尹志平

今世丰华，此生贫窘，算来总是前缘。荣枯好丑，无党亦无偏，只在灵明布种，惟招召，善恶相传。花开谢，开为福地，谢是祸心田。

——王　喆

修行须是默中言，养气无劳静里喧。占得长春真境界，百花香里给孤园。

——王　喆

道人合伴……先择人而后合伴，不可先合伴而后择人。不可相恋，相恋则系其心；不可不恋，不恋则情相离；恋欲不恋，得其中道可矣。

——王重阳

明心、有慧、有志，此三合也。……不可顺人情，不可取相貌，惟择高明者，是上法也。

——王重阳

抑人者人抑之，容人者人容之。

——谭　峭

誉人者人誉之，谤人者人谤之。

——谭　峭

疑人者为人所疑，防人者为人所防。

——谭　峭

张机者用于机，设险者死于险，建功者辱于功，立法者罹于法。

——谭　峭

是以大人以道德游泳之，以仁义渔猎之，以刑礼笼罩之，盖保其国家而护其富贵也。故道德有所不

实，仁义有所不至，刑礼有所不足，是教民为奸诈，使民为淫邪，化民为悖逆，驱民为盗贼。

——谭　峭

智有诚实之谓信。……智通则多变，故授之以信。信者，成万物之道也。

——谭　峭

罪福不由他，谅自发尔身。

——杜光庭

制恶兴善则理，忘善纵恶则乱。

——吴　筠

行欲清，心欲贞，言勿过乎行，行勿愧乎心，则游于四达之衢。四达之衢者，涉道之通达也。

——吴　筠

贪爱欺谩不歇心，心无真用祸须临。本来神气都消散，虚打轮回战古今。

——王处一

不遇师传莫强猜，只为丹经无口诀。

——张伯端

或身居富贵，或学备经史，言则善俭，行则贪残；辩足以饰非，势足以威物；得则名己，过则尤人：此病最深，虽学无益。所以然者，为自是故。

——司马承祯

争名竞利，恰似围棋；至于谈笑存机，口幸相谩，有若蜜里藏砒。见他有些活路向前侵，更没慈悲。夸好手，起贪心，不顾自底先危。

——马　钰

贞良而亡，先人余殃；猖獗而活，先人之烈。

——《黄帝四经》

有一言，无一行，谓之诬。

——《黄帝四经》

静筹人托以期践言，静思人恩以图报称。

——《警世功过格》

人者，善死乐生者也

自见者不明，自是者不彰，自伐者无功，自矜者不长。

——老　子

夫惟无以生为者，是贤于贵生。

——老　子

塞其兑，闭其门，终身不勤。

——老　子

六亲不和，有孝慈；国家昏乱，有忠臣。

——老　子

不见可欲，使心不乱。

——老　子

上德若谷，广德若不足。

——老　子

祸莫大于不知足，咎莫大于欲得。

——老　子

以道佐人主者，不以兵强天下。

——老　子

大军之后，必有凶年。

——老　子

兵者不祥之器，非君子之器，不得已而用之，恬淡为上。

——老　子

乐杀人者，则不可得志于天下。

——老　子

企者不立，跨者不行，自见者不明，自是者不彰，自伐者无功，自矜者不长。其在道也，曰余食赘行。物或恶之，故有道者不处。

——老　子

知其白，守其辱，为天下谷。为天下谷，常德乃足，复归于朴。朴散则为器。圣人用之，则为官长，故大制不割。

——老　子

重为轻根，静为躁君。是以君子终日行不离辎重；虽有荣观，燕处超然。奈何万乘之主，而以身轻天下？轻则失根，躁则失君。

——老　子

贵以贱为本，高以下为基。

——老　子

至誉无誉。

——老　子

法令滋彰，盗贼多有。

——老　子

江海之所以能为百谷王者，以其善下之，故能为百谷王。

——老　子

正言若反。

——老　子

上德不德，是以有德。

——老　子

智者不言，言者不智。

——老　子

挫其锐，解其纷；和其光，同其尘。

——老　子

以正治国，以奇用兵，以无事取天下。

——老　子

无道无亲，常与善人。

——老　子

信言不美，美言不信。善者不辩，辩者不善。知者不博，博者不知。

——老　子

同于道者，道亦乐得之；同于德者，德亦乐得之；同于失者，失亦乐得之。信不足焉，有不信焉。

——老　子

圣人无常心，以百姓心为心。善者，吾善之；不善者，吾亦善之，德善。信者，吾信之；不信者，吾亦信之，德信。圣人在天下，歙歙焉，为天下浑其心；百姓皆注其耳目，圣人皆孩之。

——老　子

五色令人目盲，五音令人耳聋，五味令人口爽，驰骋畋猎令人心发狂，难得之货令人行妨。是以圣人为腹不为目，故去彼取此。

——老　子

天长地久。天地所以能长且久者，以其不自生，故能长生。是以圣人后其身而身先，外其身而身存。非以其无私邪？故能成其私。

——老　子

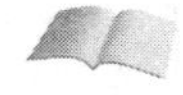

贪者为大病，习贪来已久。

合会微渐滋，非针艾所愈。

——老　子

善人之所不善，喜人之所不喜，乐人之所不乐，为人之所不为，信人之所不信，行人之所不行，是以道德备矣。

——老　子

欲者，凶害之根也；无者，天地之原也。……是故圣人去欲入无，以辅其身。

——老　子

耳目声色，为子留愆；鼻口所喜，香味是怨；身为恼本，痛痒寒温；意为形思，愁毒忧烦。吾拘于身，知为大患。观古视今，谁存形完？

——老　子

罪莫大于淫，祸莫大于贪，咎莫大于僭。此三者，祸之车，小则危身，大则残家。天下有富贵者三：贵莫大于无罪，乐莫大于无忧，富莫大于知足。

——老　子

圣人处物不伤物，不伤物者，物亦不能伤也。

——庄　子

学者，学其所不能学也；行者，行其所不能行也；辩者，辩其所不能辩也。

——庄　子

人皆取实，己独取虚。无藏也，故有余。

——庄　子

夫恬淡寂寞，虚无无为，此天地之平，而道德之质也。

——庄　子

喜怒者道之过，好恶者德之失。

——庄　子

至礼不人，至义不物，至智不谋，至仁不亲，至信辟金。

——庄　子

顺物自然而无容私，而天下治矣。

——庄　子

古之至人，先存诸己而后存诸人。

——庄　子

为善无近名，为恶无近刑。

——庄　子

无视无听，抱神以静，形将自正。必静必清，无劳汝形，无摇汝精，乃可以长生。

——庄　子

知足者不以利自累也……重生则轻利。

——庄　子

养志者忘形，养形者忘利，致道者忘心矣。

——庄　子

死生，命也，其有夜旦之常，天也。人之有所不得与，皆物之情也。

——庄　子

夫大块载我以形，劳我以生，佚我以老，息我以死。故善吾生者，乃所以善吾死也。

——庄　子

其嗜欲深者，其天机浅。

——庄　子

达生之情者，不务生之所无以为；达命之情者，不务知之所无奈何。

——庄　子

塞其兑，闭其门，挫其锐，解其忿，和其光，同其尘，是谓玄同。故不可得而亲，不可得而疏；不可得而利，不可得而害；不可得而贵，不可得而贱。故为天下贵。

——老　子

容人之所不能容，忍人之所不能忍，则心修愈静，性天愈纯。

——张三丰

善口不如善心，体君子远庖之训可也。

——张三丰

内修纯厚，外福亦加。

——张三丰

夫成人之名，即所以成己之名也；成人之功，即所以成己之功也；成人之事，即所以成己之事也；成人之利，即所以成己之利也。皆爱也。

——张三丰

居富贵而爱人者，必裕后昆；居贫贱而爱人者，必能显达。

——张三丰

夫好色之人，己身不正，一种柔肠媚骨，不能制人，必多为人所制。

——张三丰

祸福无门，唯人自召。

诸恶莫作，众善奉行。

——李昌龄

吉人语善、视善、行善，一日有三善，三年天必降之福；凶人语恶、视恶、行恶，一日有三恶，三年

天必降之祸。

——李昌龄

不求利即无害，不求福即无祸。身以全为常，富贵其寄也。

——通玄真人

好与则无定分，上之分不定，则下之望无止；若多敛，则与民为雠；少取而多与，其数无有。故好与，来怨之道也。

——通玄真人

人主好仁，即无功者赏，有罪者释；好刑，即有功者废，无罪者及。无好憎者，诛而无怨，施而不德。

——通玄真人

名与功，身之仇；功名就，身即灭。

——张　陵

思欲损身。

——张　陵

信命者，亡寿夭；信理者，亡是非；信心者，亡逆顺；信性者，亡安危。则谓之都亡所信，都亡所不信。

——列　子

人自生至终，大化有四：婴孩也，少壮也，老耄也，死亡也。其在婴孩，气专志一，和之至也；物不伤焉，德莫加焉。其在少壮，则气血飘溢，欲虑充起；物所功焉，德故衰焉。其在老耄，则欲虑柔焉；体将休矣，物莫先焉。虽未及婴孩之全，方于少壮，间矣。其在死亡也，则之于息焉，反其极矣。

——列　子

夫圆首含气，孰不乐生而畏死哉？然荣华势利诱其意，素颜玉肤惑其目，清商流徵乱其耳，爱恶利害搅其神，功名声誉束其体，此皆不召而自来，不学而已成，自非受命应仙，穷理独见，……岂能弃交修赊，抑遗嗜好，割目下之近欲，修难成之远功？

——葛　洪

乐饥陋巷，以励高尚之节；藏器全真，以待天年之尽。

——葛　洪

圣人之死，非天所杀，则圣人之生，非天所挺。贤不必寿，愚不必夭，善无近福，恶无近祸，生无定年，死无常分，盛德哲人，秀而不实，……天之无为，于此明矣。

——葛　洪

凡人之所汲汲者，势利嗜欲也。苟我身之不全，虽高官重权，金玉成山，妍艳万计，非我有也。是以

上士先营长生之事，长生定可以任意。

——葛　洪

安贫者不以财为贵，甘卑者不以仕为荣。

——葛　洪

忍怒以全阴气，抑喜以养阳气。

——葛　洪

人复不可都绝阴阳，阴阳不交，则坐致壅阏之病，故幽闭怨旷，多病而不寿也。任情肆意，又损年命，唯有得其节宣之和，可以不损。

——葛　洪

明德惟馨，无忧者寿，啬宝不夭，多惨用老，自然之理，外物何为！

——葛　洪

若欲纵情恣欲，不能节宣，则伐年命。

——葛　洪

患乎凡夫不能守真，无杜遏之检括，爱嗜好之摇夺，驰骋流遁，有迷无反；情感物而外起，智接事而旁溢；诱于可欲，而天理灭矣；惑乎见闻，而纯一迁矣。

——葛　洪

肖形天壤，人最为贵。限以速老则死，善养则生。生可惜也，死可畏也。是以道家至秘而重者，莫过此长生之方也。

——葛　洪

夫生我者道，禀我者神，而寿夭去留匪由于己，何也？以性动为情，情反于道，故为化机所运，不能自持也。……故君子黜嗜欲，隳聪明，视无色，听无声，恬淡纯粹，体和神清，希夷忘身，乃合至真，所谓返我之宗，复与道同。

——吴　筠

夫目以妖艳为华，心以声名为贵，身好轻鲜之饰，口欲珍奇之味，耳欢妙美之声，鼻悦芳馨之气。此六者皆败德伤性，只以伐其灵根者也。故有之即可远，无之不足求。惟衣与食，人之所切，亦务道者之一弊耳。然当委心任运，未有不给其所用。

——吴　筠

夫禀气含灵，惟人为贵。人所贵者，盖贵于生。生者神之本，形者神之具，神大用则竭，形大劳则毙。

——陶弘景

夫惟浑沦既判，清浊已分，尔为万物之灵，我得一元之秀，其秀本无死坏者欤？其终自取灭亡者欤？名利蚁争，是非蜂起，于斯之际，将欲返真性而归根，挫锐解纷，安居乐业，一灵顿息，万境俱忘，其

亦有道矣。唯以智慧之刃，可以断烦恼之鞅者也。

——曾　慥

志于虚无者，可以忘生死。

——谭　峭

无所不能者有大不能，无所不知者有大不知。

——谭　峭

生者春之萌芽，死者秋之零落。人之有生，一气而聚之；人即有死，一气而散之。则物与人来去死生，未尝息焉。……万物兴废，人有起灭，然天地阴阳必然之理也。……盖生杀之常，犹寝觉，自古以固存。

——蹇昌辰

心生于物，死于物，机在目。

——苏　秦

凡人入道，必戒酒色财气、攀缘爱念、忧愁思虑，此外更无良药矣。

——王利用

堪叹人人，波波劫劫，贪名利，何时已？眼光落地，到此才方悔！虽有儿孙，要替应难替。辞生泪，甚家滋味？想着心先碎！

——马丹阳

善恶相生，是非交蹂。……苟有其真，不能无其伪也。……愚靖者类直，智狂者类贤，洁己者不能同人，犯颜者短于忤主。……然则所是不必真，所非不必伪也。

——罗　隐

人有神智之察，非不灵矣，徒以内存爱尚之情，外挟憎愤之事，则是非得失，不能不惑焉。

——罗　隐

性命之分，诚有限也；嗜欲之心，固无穷也。以有限之性命，逐无限之嗜欲，亦安可不困苦哉！……苟以养生之不存，则五脏四肢犹非我有，而况身形之外，安可有乎？……故老氏曰："外其身而身存。"其是之谓乎？

——罗　隐

饮食男女者，人之大欲存焉。人皆莫不欲其自厚，而不知其厚之所以薄也；人皆莫不恶其为薄，而不知薄之所以厚也。……夫外物者，养生之具也，苟以养过其度，则亦为丧生之源也。

——罗　隐

人从爱生忧，忧生则有畏，无爱即无忧，无忧则无畏。

——陶弘景

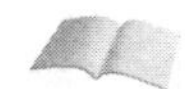

爱欲大者，莫大于色，其罪无外，其事无赦。

——陶弘景

夫修短穷通，人之定分。不能保存和气，而乃腾倒精神……冀信祯祥，妄图永远，此其大惑欤！谓“皮之不存，毛将安附”？

——刘　词

欲得延年先伏心，休贪利禄恣荒淫。

——吕洞宾

无欲而心自正一，正心而道法备矣。

——黄元吉

黄金玉珠藏积，怨之本也；女乐玩好燔材，乱之基也。

——《黄帝四经》

不受禄者，天子弗臣也。禄薄者，弗与犯难……不仕于盛盈之国，不嫁于盛盈之家。

——《黄帝四经》

天有死生之时，国有死生之政。因天之生以养生，谓之文；因天之杀也以伐死，谓之武。

——《黄帝四经》

先除欲，以养精；后禁食，以存命。

——《太清中黄真经》

圣 贤 语

夫人神好清而心扰之，人心好静而欲牵之。常能遣其欲而心自静，澄其心而神自清，自然六欲不生，三毒消灭。

——《清静经》

知人者智，自知者明

天长地久。天地所以能长且久者，以其不自生，故能长生。是以圣人后其身而身先，外其身而身存。非以其无私邪？故能成其私。

——老　子

知不知，尚矣；不知知，病矣。是以圣人之不病也，以其病病也，得以不病。

——老　子

物或损之而益，或益之而损。人之所教，我亦教之。强梁者不得其死，吾将以为教父。

——老　子

我有三宝，持而宝之。一曰慈，二曰俭，三曰不敢为天下先。慈故能勇；俭故能广；不敢为天下先，故能成器长。今舍慈且勇，舍俭且广，舍后且先，死矣！

——老　子

静胜躁，寒胜热。清静为天下正。

——老　子

善为士者不武，善战者不怒，善胜敌者不与，善用人为之下。是谓不争之德，是谓用人之力，是谓配天，古之极也。

——老　子

上善若水。水善利万物而不争，处众人之所恶，故几于道。居善地，心善渊，与善仁，言善信，政善治，事善能，动善时。夫惟不争，故无尤。

——老　子

知人者智，自知者明。胜人者有力，自胜者强。知足者富，强行者有志。不失其所者久，死而不忘者寿。

——老　子

以身观身，以家观家，以国观国，以天下观天下。吾何以知天下然哉？以此。

——老　子

持而盈之，不如其已。揣而锐之，不可常保。金玉满堂，莫之能守。贵富而骄，自遗其咎。

——老　子

其安易持。其未兆易谋。其脆易泮。其微易散。为之于未有，治之于未乱。

——老　子

民之从事，常于几成而败之。慎终如始，则无败事。

——老　子

故建言有之：明道若昧，进道若退，夷道如颣，上德若谷，大白若辱，广德若不足，建德若偷，质真若渝，大方无隅，大器晚成，大音希声，大象无形，道隐无名。夫惟道，善贷且成。

——老　子

企者不立，跨者不行，自见者不明，自是者不彰，自伐者无功，自矜者不长。其在道也，曰：余食赘行，物或恶之，故有道者不处。

——老　子

圣人不积，既以为人己愈有，既以与人己愈多。天之道，利而不害；人之道，为而不争。

——老　子

圣人常善救人，故无弃人；常善救物，故无弃物，是谓袭明。故善人者，不善人之师；不善人者，善人之资。

——老　子

天之道，其犹张弓与？高者抑之，下者举之，有余者损之，不足者补之。天之道，损有余而益不足；人之道则不然，损不足以奉有余。孰能有余以奉天者，唯有道者。

——老　子

善建者不拔，善抱者不脱，子孙以祭祀不辍。修之于身，其德乃真；修之于家，其德乃余；修之于乡，其德乃长；修之于邦，其德乃丰；修之于天下，其德乃普。

——老　子

不出户，知天下。

——老　子

天地所以能长且久者，以其不自生，故能长生。

——老　子

含德之厚，比于赤子。毒虫不螫，猛兽不据，攫鸟不搏；骨柔筋弱而握固。

——老　子

载营魄抱一，能无离乎？专气致柔，能婴儿乎？涤除玄览，能无疵乎？爱民治国，能无为乎？天门开阖，能为雌乎？明白四达，能无知乎？

——老　子

天地与我并生，而万物与我为一。

——庄　子

缘督以为经，可以保身，可以全生，可以养亲，可以尽年。

——庄　子

以神遇而不以目视，官知止而神欲行。

——庄　子

古之真人，以天待人，不以人入天。

知天之所为，知人之所为，至矣。

——庄　子

道冲，而用之或不盈。渊兮，似万物之宗；湛兮，似或存。吾不知谁之子，象帝之先。

——老　子

为学日益，为道日损；损之又损，以至于无为。

——老　子

绝圣弃智，民利百倍；绝仁弃义，民复孝慈；绝巧弃利，盗贼无有。此三者以为文，不足，故令有所属；见素抱朴，少私寡欲，绝学无忧。

——老　子

人能常清净，天地悉皆归。

——老　子

人常能清净其心，则道自来居：道自来居则神明存身，神明存身则生不亡也。

——老　子

心若清净则万祸不生。所以流浪生死，沉沦恶道，皆由心也。妄想憎爱，取舍去来，染著聚结，渐自缠绕，转转系缚，不能解脱，便至灭亡。……使内观己身，澄其心也。

——老　子

夫道，一清一浊，一静一动。清静为本，浊动为末。……清者浊之源，静者动之基。人能清静，天下贵之。

——老　子

若夫修道，先观其心。心为神主，动静从心。……心为祸本，心为道宗。不动不静，无想无存……了无执住，无执转真。空无空处，空处了真。

——老　子

心动无静，不动了真。

——老　子

若孝悌者一家之中老少安乐，无人钦仰，神明守护，子孙相承。孝慈不断，招感孝顺。

——老　子

道当以法观，如有所生者，故曰为自然。眼见心为动，则为心言。……以是生死有，不如无为安。

——老　子

重生则利轻。

——庄　子

水静犹明，而况精神！

——庄　子

能尊生者，虽贵富不以养伤身，虽贫贱不以利累形。

——庄　子

养志者忘形，养形者忘利，致道者忘心。

——庄　子

知足者不以利自累也，审自得者失之而不惧，行修于内者无位而不怍。

——庄　子

世俗之人，皆喜人之同乎己而恶人之异于己也。

同于己而欲之，异于己而不欲者，以出乎众为心也……明乎物物者之非物也，岂独治天下百姓而已哉？出入六合，游乎九州，独往独来，是谓独有。独有之人，是谓至贵。

——庄　子

若一志，无听之以耳而听之以心，无听之以心而听之以气。耳止于听，心止于符，气也者，虚而待物者也。惟道集虚，虚者，心斋也。

——庄　子

世之所贵道者书也，书不过语，语有贵也。语之所贵者意也，意有所随；意之所随者，不可以言传也。……故视而可见者，形与色也；听而可闻者，名与声也。悲夫，世人以形色名声为足以得彼之情！夫形色名声果不足以得彼之情，则知者不言，言者不知，而世岂识之哉？

——庄　子

鸡鸣狗吠，是人之所知；虽有大知，不能以言读其所自化，又不能以意测其所将为。

——庄　子

有名有实，是物之居；无名无实，在物之虚。可

言可意，言而愈疏。

——庄　子

道不可有，有不可无；“道”之为名，所假而行。

——庄　子

言而足，则终日言而尽道；言而不足，则终日言而尽物。道物之极，言默不足以载；非言非默，议有所极。

——庄　子

其为人也真，人貌而天虚，缘而葆真，清而容物。

——庄　子

知道者必达于理，达于理者必明于权，明于权者不以物害己。

——庄　子

浊者清之路，昏久则昭明。

世人好小术，不审道浅深。

——魏伯阳

众邪辟除，正气长存。累积长久，变形而仙。

——魏伯阳

一者以掩蔽，世人莫知之。

真人至妙，若有若无。仿佛太渊，乍沉乍浮，进退分布，各守境隅。

神气满室，莫之能留。守之者昌，失之者亡。动静休息，常与人俱。

——魏伯阳

元精眇难睹，推度效符证。居则观其象，准拟其形容。

——魏伯阳

内心养己，安静虚无。原本隐明，内照形躯。

三光陆沉，温养子珠。视之不见，近而易求。

——魏伯阳

黄中渐通理，润泽达肌肤。

——魏伯阳

阳禀阴受，雌雄相须，须以造化，精气乃舒。

——魏伯阳

君子居其室，出其言善，则千里之外应之。

——魏伯阳

耳目口三宝，闭塞勿发通。

真人潜深渊，浮游守规中。

——魏伯阳

 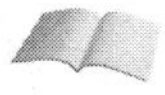

排却众阴邪，然后立正阳。

反者道之验，弱者德之柄。

——魏伯阳

虚者何？虚心也。……无者何？无我也。无我故无人，无人故无欲，大清净、大欢喜，从此得也。

——张三丰

吾爱天下人，不求誉而行可誉之事；吾恶天下人，不畏毁而行可毁之端；吾耻天下人，不知毁誉而湮没以终。湮没以终，人不毁而自毁也。生前以有过自毁者，人必誉之；生平以有功自誉者，人必毁之。

——张三丰

先生有言：隐之为道也有二：隐于衰世者，不可更仕兴朝；隐于兴朝者，不可借隐弋名，以为仕宦之捷径。

——张三丰

与时争者昌，与人争者凶。

——宇文邕

敢者奉天顺地，莫神于至诚；仁以好施，义以制断，礼以凯敬，智以除害，信以立事，德以无大；赦人如赦于己，法人如法其子。为政如此，亦得善之善者也。

——宇文邕

上德之君，质而无文，不视不听，而抱其玄无，心意若未生根，执守虚无而因自然，混沌为一，归于本根。

——宇文邕

上意正于无形，理于无声，超福于未有，绝祸于未生。

——宇文邕

一切万物，人最为贵。人能使形无事、神无体，以清静致无即与道合。

——宇文邕

夫道德……治之于家，则父慈子孝、夫信妇贞、兄宜弟顺，九族和亲，耕桑时得，福实积殷，六畜繁广，事业修治，常有余矣。治之于乡，则动合中和，睹正纲纪，白黑分明，曲直异理，是非自得，奸邪不起，威严尊显，奉上化下，公如父子，爱敬信向，上下亲喜，百姓和集，官无留负，职修名荣，没身不殆。

——宇文邕

非闻道难也，行之难也；非行之难也，终之

难也。

——葛　洪

神仙亦人也，在于修我灵气，勿为世俗所沦污，遂我自然，勿为邪民所凝滞，则成功矣。

——葛　洪

简者，神仙之德也。

——葛　洪

斋戒者，非蔬茹饮食而已；澡身者，非汤浴去垢而已。盖其法在乎节食调中，摩擦畅外者也。但世人不知休粮服气是道家之权宜，非永绝食粒之谓也。

——葛　洪

以守静为先。静能安动，动以缘静安定。

——葛　洪

安定之阶，以斋为本。斋以齐整为急，急以齐整身心。身心齐整，保无乱败。

——葛　洪

多法以治多欲。欲多不可须袪，防遏断除，使之日损，损之又损之，以至于无为。

——葛　洪

神之为义，不行而至，不疾而速，阴阳变通，天地长久。

——司马承祯

自古忘形者众，忘名者寡。慧而不用，是忘名也，天下希及之，故为难。贵能不骄，富能不奢，为无俗过，故得长守富贵；定而不动，慧而不用，为无道过，故得深证真常。

——司马承祯

夫人之生也，必营于事物。事物称万，不独委于一人。巢林一枝，鸟见遗于丛苇；饮河满腹，兽不吝于洪波。外求诸物，内明诸己，知生之有分，不务分之所无；识事之有当，不任事之非当。任非当则伤于智力，务过分则弊于形神。身且不安，何能及道？是以修道之人，莫若断简事物，知其闲要，较量轻重，识其去取，非要非重，皆应绝之。

——司马承祯

凡心有所爱，不用深爱；心有所憎，不用深憎。此皆损性伤神。

——孙思邈

道之所在，其德不孤。

——孙思邈

勿言行善不得善报，以自怨仇。

——孙思邈

机者，得失之变，……故盗机者，是夺造化于胸臆，拈宇宙在掌中，故人不测其由而成其功业者，机使之然也。

——蹇昌辰

性有巧拙，可以伏藏。

——苏　秦

得之在修，失之在堕。

——张继先

升高须远，就下无难，不昧先机，方为达者。

——张继先

道人愿力如天溥，度尽众生方自度。若还纤芥未蒙恩，我终不舍升天路。

——张继先

心欲为恶，挫还之；怒欲发，宽解之，勿使五脏愤怒也。自威以道诫，自劝以长生。

——张　陵

人当法水，心常乐善仁。

——张　陵

目不欲视不正之色，耳不欲听丑秽之言，鼻不欲向膻腥之气，口不欲尝毒刺之味，心不欲谋欺诈之事，此辱神损寿。

——陶弘景

夫常人不得无欲，又复不得无事，但当和心少念，静身损虑，失去乱神犯性，此则啬神之一术也。

——陶弘景

夫学道者行阴德，莫大于施惠解救，志莫大于守身奉道，其福甚大，其生甚固矣。

——陶弘景

务外游不如务内观，外游者求备于物，内观者取足于身。

——列　子

状不必同而智同，智不必同而状同。圣人取同智而遗同状，众人近同状而疏同智。状与我同者，近而爱之；状与我异者，疏而畏之。有七尺之骸，手足之异，戴发含齿，倚而趣者，谓之人；而人未必无兽心。虽有兽心，以状而见亲矣。傅翼戴角，分牙布爪，仰飞伏走，谓之禽兽；而禽兽未必无人心。虽有人心，以状而见疏矣。

——列　子

心能造形，心能留形。

心根伤坏，转眼便是冥途矣。

——丘处机

心上本无岁月。

总不在拟议得之，心上实实行去可也。

——丘处机

采药者，采身中之药也。身中之药者，神、气、精也。

——陈虚白

炼丹不用寻冬至，身中自有一阳生。

——薛道光

须顺其自然，勿听其自然。

——李西月

凡事相须而成事者，皆两手也。……两手者，言其齐同并力，无前无却，乃后事可成也；两手不并力者，事不可成也。

——于吉　宫崇

男女相通，并力同心，共生子。三人相通，并力同心，共一治家。君臣民相通，并力同心，共成一国。此皆本之元气自然天地授命。

——于吉　宫崇

有阳无阴，不能独生，治亦绝灭；有阴无阳，亦不能独生，治亦绝灭；有阴有阳而无和，不能传其类，亦绝灭。……故天法皆使三合乃成。故古者圣人深知天情，象之以相治。

——于吉　宫崇

慈孝者，思从内出，思以藏发，不学能得之，自然之术。行与天心同，意与地合。上有益帝王，下为民间昌率，能致和气，为人为先法。其行如丹青，故使第一。

——于吉　宫崇

守一身躯，竟其天年；守一思过，复得延期。

——于吉　宫崇

其人乐治家畜财，得富贵者，年少力能布作而长思为事，力尽因乃止，能扬善隐恶，常用心乐为善，栗栗思尊上。凡疑悉慎戒之，不敢妄为，又爱下不欲害人，不枉王法，不乐随邪礼相随饮食也。凡不急之事，不敢与焉，有知而为此行，到老无知乃已。虽实若虚，口不轻语，故能致珍物蓄积，因以成人也。

——于吉　宫崇

为道者，专汝心，闭汝口，毋妄言也。

——于吉　宫崇

天地之性，万物各自有宜。当任其所长、所能为，所不能为者，而不可强也；……如人不卜相其土地而种之，则万物不得成竟其天年……

——于吉　宫崇

凡人用心，不能专坚密者易营，或举事不吉，所为多害得凶。

——于吉　宫崇

或积财亿万，不肯救穷周急，使人饥寒而死，罪不除也。……物者，中和之有，使可推行，浮而往来，职当主周穷救急也。

——于吉　宫崇

守一之法，外则行仁施惠为功，不望其报，忠孝亦同。

——王　明

圣人应时权变，见形施宜，世异则事变，时移则俗易。论世立法，随时举事。……不法其已成之法，而法其所以为法者，与化推移。

——通玄真人

因春而生，因秋而杀，所生不德，所杀不怨，则几于道矣。

——通玄真人

有鸟将来，张罗而待之，得鸟者，罗之一目也。今为一目之罗，则无时得鸟矣。……事或不可前规，物或不可预虑，故圣人畜道以待也。

——通玄真人

所谓可行而不可言者，取舍也；可言而不可行者，诈伪也；易为而难成者，事也；难成而易败者，名也。此四者，圣人所留心也，明者之所独见也。

——通玄真人

深居以避患，静默以待时……故上士先避患而后就利，先远辱而后求名。故圣人为人事于无形之外，而不留心于已成之内。

——通玄真人

舌者，机也。出言不当，驷马不追。

——通玄真人

凶凶者获，提提者射。故大白若辱，广德若不足。

——通玄真人

狡兔得而猎犬烹，高鸟尽而良弓藏。名成功遂身退，天道然。

——通玄真人

博学多闻，不免于难。……君子慎其独。

——通玄真人

所谓后者，调其数而合其时，时之变则间不容息。先之则太过，后之则不及。

——通玄真人

清静者，道之鉴也。

——通玄真人

原天命，即不惑祸福；治心术，即不妄喜怒；理好憎，即不贪无用；适情性，即欲不过节。不惑祸福即动静顺理，不妄喜怒即赏罚不阿，不贪无用即不以欲害性，欲不过节即养生知足。凡此四者，不求于外，不假于人，反己而得矣。

——通玄真人

不求可非之行，不憎人之非己；修足誉之德，不求人之誉己。

——通玄真人

人之情，心服于德，不服于力。德在与，不

在来。

——通玄真人

德少而宠多者讥，才下而位高者危，无大功而有厚禄者微。

——通玄真人

生所假也，死所归也。故世治即以义卫身，世乱即以身卫义。死之日，行之终也，故君子慎一用之而已矣。

——通玄真人

求之有道，得之在命。君子能为善，不能必得其福；不忍而为非，而未必免于祸。故君子逢时即进，得之以义，何幸之有？不时即退，让之以礼，何不幸之有？故虽处贫贱而犹不悔者，得其所贵也。

——通玄真人

凡人之道，心欲小，志欲大，智欲圆，行欲方，能欲多，事欲少。

——通玄真人

圣人……随时动静，因资而立功，睹物往而知其反，事一而察其变，化则为之象，运则为之应，是以终身行之无所困。

——通玄真人

仁莫大于爱人，知莫大于知人。

——通玄真人

所谓无为者，非谓其引之不来，推之不去，迫而不应，感而不动，坚滞而不流，卷握而不散；谓其私志不入公道，嗜欲不挂正术，循理而举事，因资而立功。

——通玄真人

先唱者穷之路，后动者达之原。

——通玄真人

与死同病者难为医，与亡国同道者不可为忠谋。

——通玄真人

水火相憎，鼎鬲在其间，五味以和，骨肉相爱也，谗人间之，父子相危也。

——通玄真人

患在不预定谋。

畏危者安，畏亡者存。夫人之所行，有道则吉，无道则凶。吉者百福所归，凶者百祸所攻。非其神圣，自然所钟。务善策者无恶事，无远虑者有近忧。

——黄石公

富在迎来，贫在弃时。

——黄石公

戮辱所任者危，以过弃功者损，行赏吝啬者沮，多许少与者怨，既迎而拒者乖，薄施厚望者不报。厚敛薄施者凋，战士贫、游士富者衰，货赂公行者昧。

——黄石公

小功不赏，则大功不立；小怨不赦，则大怨必生。赏不服人、罚不甘心者叛；赏及无功、罚及无罪者酷。

——黄石公

以明示下者暗，怒而无威者犯，好众辱人者殆。慢其所敬者凶，凌下取胜者侵……略己而责人者不治，自厚而薄人者弃。

——黄石公

夫志心笃行之术，长莫长于博谋，安莫安于忍辱，先莫先于修德，乐莫乐于好善，神莫神于至诚，明莫明于体物，吉莫吉于知足，苦莫苦于多愿，悲莫悲于精散，病莫病于无常，短莫短于苟得，幽莫幽于贪鄙，孤莫孤于自恃，危莫危于任疑，败莫败于多私。

——黄石公

贤人君子，明于盛衰之道，通乎成败之数，审乎治乱之势，达乎去就之理，故潜居抱道，以待其时。

 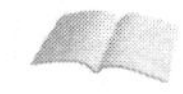

若时至而行，则能极人臣之位；得机而动，则能成绝代之功。如其不遇，没身而已。

——黄石公

殚恶斥谗，所以止乱。推古验今，所以不惑。先揆后度，所以应卒。设变致权，所以解结。括囊顺会，所以无咎。橛橛梗梗，所以立功。孜孜淑淑，所以保终。

——黄石公

同志相得，同仁相忧，同恶相党，同爱相求，同美相妒，同智相谋，同贵相害，同利相忌，同声相应，同气相感，同类相依，同义相亲，同难相济，同道相成，同艺相规，同巧相胜。

此乃数之所得，不可与理违。

——黄石公

贤不必得时也，不肖不必失命也。是故贤者守时而不肖者守命。

——鹖冠子

避我所死，就吾所生，趋吾所时，授吾所胜。

——鹖冠子

知大己而小天下，几于道矣。……真人者，知大己而小天下，贵治身而贱治人，不以物滑和，不以欲乱情，隐其名姓，有道则见，无道则隐。怀天道，包天心，嘘吸阴阳，吐故纳新，与阴俱闭，与阳俱开，与刚柔卷舒，与阴阳俯仰，与天同心，与道同体。

——关尹子

圣人力行，犹之发矢，因彼而行，我不自行。圣人坚守，犹之握矢，因彼而守，我不自守。

——关尹子

抱一子曰：时行则行，时止则止。

——关尹子

事做于人，不得不与人同其好恶也。既谓之事矣，做之于人，成之于天，在我何敢因必哉？若夫道，则在我独行而已矣。

——陈显微

侯者人所贵，金者人所重。众人封公而得侯者不美，众人分玉而得金者不乐。是故赏不可妄行，恩不可妄施。其当也，由为争夺之渐；其不当也，即为乱亡之基。故我自卑则赏不能大，我自俭则恩不得奇。历观乱亡之史，皆骄侈恩赏之所以为也。

——谭　峭

夫忘弓矢，然后知射之道；忘策辔，然后知驭之

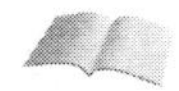

道；忘弦匏，然后知乐之道；忘智虑，然后知大人之道。

——谭　峭

机贵乎明，险贵乎平，功贵乎无状，法贵乎无象。能出刻画者，可以名之为大象。

——谭　峭

水易动而自清，民易变而自平。其道也，在不逆万物之情。

——谭　峭

君子能罪己，斯罪人也；不报怨，斯报怨也。所谓神弓鬼矢，不张而发，不注而中。

——谭　峭

救物而称义者，人不义之；行惠而求报者，人不报之。

——谭　峭

救灾解难，不如防之为易；疗疾治病，不如备之为吉。……是以圣人求福于求兆，绝祸于未有。

——张君房

以富骄人是一病，以贵轻人是一病，以贫妒富是一病，以贱讪贵是一病……借不念还是一病，负债逃窃是一病，含祸离爱是一病。……能除此百病则无灾，痛疾自愈，济度苦厄，子孙蒙佑矣。

——张君房

行者之用，处物无违于中，万施详之以遇，遇皆善也。智莫过实，财莫过足，行莫过力，则能互相优养，各得其全。若过则费而且伤，大者伤命，小者成灾。……适足则已，用天之德。

——王玄览

以治身者不以忧畏，朋友远之；治家者不以忧畏，奴仆侮之；治国者不以忧畏，邻境侵之；治天下者不以忧畏，道德去之。

——孙思邈

胆欲大而心欲小，智欲圆而行欲方。

——沈　汾

方大有之时，宜守之以谦。

——赵道一

夫人者，奸宄无端，真伪非一，或貌恭而心慢，或言亲而行违，或贱廉而贵贪，或贫贞而富黩，或愆大以求变，或位高而自疑，或见利而忘恩，或逃刑而构隙：此则蓍筮不足决、鬼神不能定。……人心者，

难知也。

——罗　隐

且夫赏以劝善，名以爵贤。使天下不肖者有名，无功者受赏，则何以劝天下乎？法以禁非，刑以惩恶。使夫怀忠者坐法，行直者遇刑，则何以禁天下乎？

——罗　隐

苟无其德，则何以异于万物乎？……盖不患无位，而患德之不修也；不忧其贱，而忧道之不笃也。……苟以修德，不求其贵，而贵自求之；苟以不仁，欲离其贱，而贱不离之。……故老氏曰："道尊德贵。"其是之谓乎！

——罗　隐

然夫敬人者，不必自贱，盖欲用其人也；慢人者，不必增贵，适足怨其人也。……然夫向之所敬者，岂徒敬人而已哉？盖以自敬也。……夫尺蠖求伸，亦因其屈；鸷鸟将击，必先以卑。以贵下贱，大得人也。故老氏曰："后其身而身先。"其是之谓欤？

——罗　隐

夫同声相应，同气相求。……于同不能无异也。

故有面同而心不同者，有外异而内不异者，有始同而终异者，有初异而末同者，有彼不同我而我与之同者，有彼不异我而我与之异者。……因其可同而与之同矣，因其可异而与之异矣。

——罗　隐

水静则毫发难隐，心静则有无易照。

——陈景元

夫道者，杳然难言，非心口所能辩，故心困焉不能知，口譬焉不能议，在人灵府自悟尔，谓之无为自然。

——陈景元

诸公不晓根源，尽学旁门小术。此乃是作福养身之法，并不干修性命入道之事，稍为失错，转乖人道。诸公如要修行，饥来吃饭，睡来合眼，也莫打坐，也莫学道，只要尘凡事屏除，只用心中“清静”两个字，其余都不是修行。

——王　喆

若要真行者，须是修仁蕴德，济贫救苦，见人患难，常行拯救之心，或化诱善人，入道修行。所行之事，先人后己，与万物无私，乃真行也。

——王　喆

净明之道不废人事。但当正心处物，常应常静也。

——黄元吉

先生曰：何谓净？不染物。何谓明？不触物。不染不触，忠孝自得。……人子事其亲，自谓能竭其力者，未也？须是一念之孝能致父母印可，则天心印可矣。如此，方可谓之“孝道格天”。

——刘　玉

大忠者一物不欺，大孝者一体皆爱。

——刘　玉

道之所至忌者，淫、杀、阴、贼，此诚易戒。至于小小喜怒、是非可否，人之常情，甚难慎也，都不欲有纤芥之事关乎方寸之中。

——吴　筠

嗟乎人心，不治不纯，如彼乱麻，不理不清；如彼古镜，不磨不明；如彼劣马，不勒不驯。我故说经，欲治人心；人心得治，天地清宁。

——柳守元

天生万物，惟人最灵。非人能灵，实心是灵；心为主宰，一身之君，役使百骸，区区群情。……此心既失，此身亦倾。欲善其身，先治其心。

——柳守元

平等者，道德之祖，清静之元……修仁蕴德，济贫拔苦，先人后己，与物无私，真行也。

——王重阳

太上天尊开玄都上宫紫微玉笈，出灵宝妙斋，以人三关躁扰，不能闲停，身为杀盗淫动，故役之以礼拜；口有恶言绮妄两舌，故课之以诵经；心有贪欲嗔恚之念，故使之以思神。

——陆修静

忠则不欺，孝则不悖，廉而罔贪，谨而勿失。修身如此，可以成德。宽则得众，裕然有余，容而翕受，忍则安舒。接人以礼，怒咎涤除。

——白玉蟾

人能弘道，非道弘人。要不在参禅问道，入山炼形，贵在乎忠孝立本，方寸净明。

——刘玉清

若己利人，降心灭念，敬师奉友，毋起俗情，常检己过，性上用心，参请前辈，谨守清规。

——陆道和

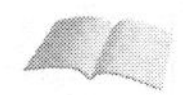

祖师设教……警心妄以全真，贵忠于清静……济人利物，融一理以圆通；炼己还己，总万德而中备。

——陆道和

道德，公也；轻举，公中之私也。时见其私，圣人存教。若求生徇欲，则似系风。

——张从申

欲做俗中修炼，先灭我人分辨。柔弱守清贫，坚志始终无变。真善真善，损己利他方便。

——谭处端

圣人不巧，时反是守。优为爱民，与天同道，圣人正以待天，静以须人。不违天刑，不襦不传。当天时，与之皆断。当断不断，反受其乱。

——《黄帝四经》

明明至微，时反以为机。天道还于人，反为之客。静作得时，天地与之。……静作失时，天地夺之。

——《黄帝四经》

后身未自知，乃深伏于渊，以求自刑。内刑已得，后乃自知屈后身。

——《黄帝四经》

毋先天成，毋非时而荣。先天成则毁，非时而荣则不果。

——《黄帝四经》

凡变之道，非益而损，非进而退。首变者凶。

——《黄帝四经》

因地以为资，因民以为师。

——《黄帝四经》

不尽天极，衰者复昌。诛禁不当，反受其殃。

——《黄帝四经》

过极失当，天将降殃。人强胜天，慎避勿当；天反胜人，因与俱行。先屈后伸，必尽天极，而毋擅天功。

——《黄帝四经》

天地之道，不过三功，功成而不止，身危有殃。……过极失当。

——《黄帝四经》

利不兼，赏不倍，戴角者无上齿。

——《黄帝四经》

提正名以伐，得所欲而止。

——《黄帝四经》

毋借贼兵，毋裹盗粮。借贼兵，裹盗粮，短者长，弱者强，赢绌变化，后将反施。

——《黄帝四经》

行憎而索爱，父弗得子；行侮而索敬，君弗得臣。

——《黄帝四经》

变恒过度，以奇相御。

——《黄帝四经》

国生于奸，奸深则国乱。亦犹蚕能作茧，茧成则杀其身；人能生事，事烦则害其命。非至圣不能修身炼行，防之于未萌，治之于未乱。

——《天机经》

治小恶不惧，必成大祸。

——《天机经》

自慎者，恒以忧畏为本。……是故太上畏道，其次畏天，其次畏物，其次畏人，其次畏身。忧于身者，不拘于人；畏于己者，不制于彼；慎于小者，不惧于大；戒于近者，不惧于远。……知此，则人事毕矣。

——《太平广记》

求心之道无他，屏诸幻想则心存，除诸恶念则心明，置力于伦常则心正而不乱。圣贤仙佛，不外是矣！至于屏除置力之道，则在择善而固执之耳。择善之道，必本伦常；然必心中清净，无一毫杂念，火气不生，在在欢喜，自然心不妄亲，常存敬爱。

——《警世功过格》

见人饥寒，生怜悯心；见人勤劳，生体恤心。见人谬误，无非笑心；见人珍异，无幸得心；见人富贵，无艳慕心。不因势力而生趋附心，不因衰落而生厌薄心，不因贫乏而生苟且心，不因急迫而生险诈心。见老成而生敬，见道德而知尊，见人愚顽无礼而不怨，见人饮啖过节而不憎。闻人言语无稽而不厌，闻人虚声恐愒而不惊。见人有功，恒思所报；见人有过，恒思其难。闻人有善而不疑，闻人有恶而莫信。……举念之间，无非忠信。

——《警世功过格》

见人善行，闻人善言，生企慕心；见人恶事，闻人恶言，生警省心。

——《警世功过格》

当喜知节，当怒知惩。念念在兹，与人为善。

——《警世功过格》

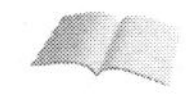

善恶心生，吉凶心召。苟正其心，则无适而非善矣；苟求其心，则无适而非正矣。

——《警世功过格》

《灵枢经》曰："知其要者，一言而终；不知其要，流散无穷。"所谓要者，行住坐卧，常想此心在腔子里，自然杂念不生，自然举念皆举。

——《警世功过格》

与人有怨，辄思其好处以释之；中心有憾，辄思己过处以宽之。人以非礼相加，无以报复；人以巧机搀夺，无心好还。

——《警世功过格》

养和而形不死，达性而妄不生。

——《三论元旨》

自然之道静，故天地万物生。

——《阴符经》

天下有道

治大国若烹小鲜。

——老　子

道可道，非常道；名可名，非常名。

——老　子

人法地，地法天，天法道，道法自然。

——老　子

道者，万物之奥；善人之宝，不善人之所保。

——老　子

大国者下流，天下之交，天下之牝；牝常以静胜牡，以静为下。故大国以下小国，则取小国；小国以下大国，则取大国。

——老　子

谷神不死，是谓玄牝；玄牝之门，是谓天地根。绵绵若存，用之不勤。

——老　子

不行而知，不见而明，不为而成。

——老　子

将欲歙之，必固张之。将欲弱之，必固强之。将欲废之，必固兴之。将欲取之，必固与之。

——老　子

反者道之动，弱者道之用。

有生于无。

——老　子

三十辐共一毂，当其无，有车之用。埏埴以为器，当其无，有器之用。凿之牖以为室，当其无，有室之用。故有之以为利，无之以为用。

——老　子

以道莅天下，其鬼不神。

——老　子

天下之至柔，驰骋天下之至坚。

——老　子

有之以为利，无之以为用。

——老　子

有无相生，难易相成，长短相形，高下相倾，音声相和，前后相随。

——老　子

少则得，多则惑。

——老　子

飘风不终朝，骤雨不终日。

——老　子

知和曰常，知常曰明；益生曰祥，心使气曰强。物壮则老，谓之不道，不道早已。

——老　子

知者不言，言者不知。

——老　子

治人事天莫若啬。夫惟啬，是谓早服；早服谓之重积德；重积德则无不克；无不克则莫知其极；莫知其极，可以有国；有国之母，可以长久。是谓深根固柢、长生久视之道。

——老　子

圣人去甚，去奢，去泰。

——老　子

知其雄，守其雌，为天下谿。为天下谿，常德不

 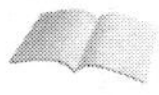

离，复归于婴儿。

——老　子

无有入于无间，吾是以知无为之有益。不言之教，无为之益，天下希及之。

——老　子

道常无为而无不为。侯王若能守之，万物将自化。化而欲作，吾将镇之无名之朴。镇之以无名之朴，夫将不欲。不欲以静，天下将自正。

——老　子

夫惟无知，是以不我知。知我者希，则我者贵。是以圣人被褐而怀玉。

——老　子

知常容，容乃公，公乃全，全乃天，天乃道，道乃久，没身不殆。

——老　子

其政闷闷，其民淳淳。其政察察，其民缺缺。祸兮，福之所倚；福兮，祸之所伏。孰知其极？其无正也？正复为奇，善复为妖。人之迷，其日固久。是以圣人，方而不割，廉而不刿，直而不肆，光而不耀。

——老　子

多闻数穷，不如守中。

——老　子

为无为，事无事，味无味。……图难于其易，为大于其细。天下难事，必做于易，天下大事，必做于细。是以圣人终不为大，故能成其大。夫轻诺必寡信，多易必多难，是以圣人犹难之，故终无难。

——老　子

吾言甚易知，甚易行；天下莫能知，莫能行。

——老　子

物壮则老，谓之不道，不道早已。

——老　子

以正治国，以奇用兵，以无事取天下。吾何以知其然哉？天下多忌讳而民弥贫；人多利器，国家滋昏；人多技巧，奇物滋起；法令滋彰，盗贼多有。故圣人云：我无为而民自化；我好静而民自正；我无事而民自富；我无欲而民自朴。

——老　子

是以圣人欲上民，必以言下之；欲先民，必以身后之。是以圣人处上而民不重，处前而民不害。天下皆乐推而弗厌也，以其不争，故天下莫能与之争。

——老　子

是以圣人，欲不欲，不贵难得之货；学不学，复众人之所过；以辅万物之自然而不敢为。

——老　子

太上，下知有之；其次，亲而誉之；其次，畏之；其下，侮之。信不足焉，安有不信焉。悠兮其贵言。功成事遂，百姓皆谓我自然。

——老　子

玄德深矣、远矣，与物反也，然后乃至大顺。

——老　子

罪莫大于可欲，祸莫大于不知足，咎莫僭于欲得。故知足之足，恒足矣。

——老　子

古之治道者，以恬养知，知生而无以知为也，谓之以知养恬。知与恬交相养，而和理出其性。

——老　子

井蛙不可以语于海者，拘于虚也；夏虫不可以语于冰者，笃于时也；曲士不可以语于道者，束于教也。

——庄　子

天下有道，圣人成焉；天下无道，圣人生焉。

——庄　子

盗亦有道。

——庄　子

通于一而万事毕，无心得而鬼神服。得其环中，以应无穷。

——庄　子

道行之而成，物谓之而然。

——庄　子

万世之后，而一遇大圣，知其解者，是旦暮遇之也。

——庄　子

天地虽大，其化均也。

——庄　子

夫大道不称，大辩不言，大仁不仁，大廉中谦，大勇不忮。道昭而不道，言辩而不及，仁常而不成，廉清而不信，勇忮而不成。

——庄　子

圣人不死，大盗不止。

——庄　子

至仁无亲。

——庄　子

天下有道，则与物皆昌；天下无道，则修德就闲。

——庄　子

惟无以天下为者，可以托天下也。

——庄　子

君子通于道之谓通，穷于道之谓穷。

——庄　子

泛爱万物，天地一体也。

——庄　子

一尺之棰，日取其半，万世不竭。

——庄　子

人生天地之间，若白驹之过隙，忽然而已。

——庄　子

筌者所以在鱼，得鱼而忘筌；蹄者所以在兔，得兔而忘蹄。言者所以在意，得意而忘言。

——庄　子

生而美者，人与之鉴，不告则不知其美于人。若知之，若不知之，若闻之，若不闻之，其可喜也终无已，人之好之亦无已，性也。圣人之爱人也，人与之名，不告则不知其爱人也。若知之，若不知之，若闻之，若不闻之，其爱人也终无已，人之安之亦无已，性也。

——庄　子

至人之用心若镜，不将不迎，应而不藏，故能胜物而不伤。

——庄　子

封人曰：“寿、富、多男子，人之所欲也。”尧曰：“多男子则多惧，富则多事，寿则多辱。是三者，非所以养德也，故辞。”

——庄　子

以道观之，物无贵贱；以物观之，自贵而相贱；以俗观之，贵贱不在己。

——庄　子

牛马四足，是谓天；落马首，穿牛鼻，是谓人。故曰：无以人灭天，无以故灭命，无以得殉名。谨守而勿失，是谓反其真。

——庄　子

是以神人恶众至，众至则不比，不比则不利也。故无所甚亲，无所甚疏，抱德炀和，以顺天下。此谓真人。

——庄　子

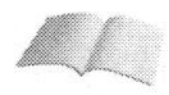

其一也一，其不一也一。其一与天为徒，其不一与人为徒。天与人不相胜也，是之谓真人。

——庄　子

人与天一也。

有人，天也；有天，亦天也。人之不能有天，性也，圣人晏然体逝而终矣。

——庄　子

故内省而不穷于道，临难而不失其德，天寒既至，霜雪既降，吾是以知松柏之茂也。

——庄　子

古之得道者，穷亦乐，通亦乐。所乐非穷通也，道德于此，则穷通为寒暑风雨之序也。

——庄　子

乐与政为政，乐与治为治，不以人之坏自成也，不以人之卑自高也，不以遭时自利也。……遭治世不避其任，遇乱世不为苟存。

——庄　子

无行则不信，不信则不任，不任则不利。故观之名，计之利，而义真是也。

道恶乎隐而有真伪，言恶乎隐而有是非，道恶乎往而不存，言恶乎存而不可，道隐于小成，言隐于荣华。

——庄　子

天地与我并生，而万物与我为一。

——庄　子

梦之中又占其梦焉，觉而后知其梦也。且有大觉而后知此其大梦也，而愚者自以为觉，窃窃然知之。

——庄　子

夫道不欲杂，杂则多，多则扰，扰则忧，忧而不救。

——庄　子

山木自寇也，膏火自煎也。桂可食故伐之，漆可用故割之。人皆知有用之用，而莫知无用之用也。

——庄　子

知天之所为者，天而生也；知人之所为者，以其知之所知以养其知之所不知，终其天年而不中道夭者，是知之盛也。

——庄　子

以刑为体，以礼为翼，以知为时，以德为循。

——庄　子

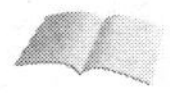

夫道，有情有信，无为无形，可传而不可受，可得而不可见，自本自根，未有天地，自古以固存。

——庄　子

鱼相造乎水，人相造乎道。相造乎水者，穿池而养给；相造乎道者，无事而生定。

——庄　子

夫至德之世，同与禽兽居，族与万物并，恶乎知君子小人哉！同乎无知，其德不离；同乎无欲，是谓素朴，素朴而民性得矣。

——庄　子

彼圣人者，天下之利器也，非所以明天下也。故绝圣弃知，大盗乃止。

——庄　子

至道之精，窈窈冥冥；至道之极，昏昏默默。无视无听，抱神以静，形将自正。

——庄　子

乱天之经，逆物之情，玄天弗成；解兽之群，而鸟皆夜鸣，灾及草木，祸及止虫。意，治人之过也！

——庄　子

万物云云，各复其根，各复其根而不知，浑浑沌沌，终身不离，若彼知之，乃是离之。

——庄　子

不明于天者，不纯于德；不通于道者，无自而可；不明于道者，悲夫！

——庄　子

何谓道？有天道，有人道。无为而尊者，天道也；有为而累者，人道也。主者，天道也；臣者，人道也。天道之与人道也，相去远矣，不可不察也。

——庄　子

视乎冥冥，听乎无声。冥冥之中，独见晓焉；无声之中，独闻和焉。

——庄　子

天地虽大，其化均也；万物虽多，其治一也；人卒虽众，其主君也。君原于德而成于天，故曰：玄古之君天下，无为也，天德而已矣。

——庄　子

以道观言而天下之君正，以道观分而君臣之义明，以道观能而天下之官治，以道泛观而万物之应备。故通于天地者，德也；行于万物者，道也。

——庄　子

古之畜天下者，无欲而天下足，无为而万物化，渊静而百姓定。记曰：“通于一而万事毕，无心得而鬼神服。”

——庄　子

无为为之之谓天，无为言之之谓德，爱人利物之谓仁，不同同之之谓大，行不崖异之谓宽，有万不同之谓富。

——庄　子

圣治乎？官施而不失其宜，拔举而不失其能，毕见其情事而行其所为，行言自为而天下化，手挠顾指，四方之民莫不俱至，此之谓圣治。

——庄　子

德人者，居无思，行无虑，不藏是非美恶。四海之内共利之之谓悦，共给之之为安。

——庄　子

天道运而无所积，故万物成；帝道运而无所积，故天下归；圣道运而无所积，故海内服。

——庄　子

圣人之静也，非曰静也善，故静也，万物无足以饶心者，故静也。

——庄　子

静而圣，动而王，无为也而尊，朴素而天下莫能与之争美。

——庄　子

言以虚静推于天地，通于万物，此之谓天乐，天乐者，圣人之心，以畜天下也。

——庄　子

视而可见者，形与色也；听而可闻者，名与声也。悲夫，世人以形色名声为足以得彼之情！夫形色名声果不足以得彼之情，则知者不言，言者不知，而世岂识之哉！

——庄　子

夫至乐者，先应之以人事，顺之以天理，行之以五德，应之以自然，然后调理四时，太和万物。

——庄　子

古之至人，假道于仁，托宿于义，以游逍遥之虚，食于苟简之田，立于不贷之圃。逍遥，无为也。

——庄　子

以富为是者，不能让禄；以显为是者，不能让名；亲权者，不能与人柄。操之则栗，舍之则悲，而一无所鉴，以窥其所不休者，是天之戮民也。

——庄　子

夫鹄不日浴而白，乌不日黔而黑。黑白之朴，不足以为辩；名誉之观，不足以为广。泉涸，鱼相与处于陆，相呴以湿，相濡以沫，不若相忘于江湖。

——庄　子

若夫不刻意而高，无仁义而修，无功名而治，无江海而闲，不道引而寿，无不忘也，无不有也，淡然无极而众美从之。此天地之道，圣人之德也。

——庄　子

平易则恬淡矣，平易恬淡，则忧患不能入，邪气不能袭，故其德全而神不亏。

——庄　子

静而与阴同德，动而与阳同波，不为福先，不为祸始，感而后应，迫而后动，不得已而后起。去知与故，循天之理。

——庄　子

悲乐者，德之邪；喜怒者，道之过；好恶者，心之失。故心不忧乐，德之至也。

——庄　子

水之性，不杂则清，莫动则平；郁闭而不流，亦不能清；天德之象也。

——庄　子

夫德，和也；道，理也。德无不容，仁也；道无不理，义也；义明而物亲，忠也；中纯实而反乎情，乐也；信行容体而顺乎文，礼也。

——庄　子

知道者必达于理，达于理者必明于权，明于权者不以物害己。

——庄　子

鱼处水而生，人处水而死，彼必相与异，其好恶故异也。故先圣不一其能，不同其事。名止于实，义设于适，是之谓条达而福持。

——庄　子

贫也，非惫也。士有道德不能行，惫也。衣弊履穿，贫也，非惫也。此所谓非遭时也。

——庄　子

夫得是，至美至乐也，得至美而游乎至乐，谓之至人。

——庄　子

草食之兽不疾易薮，水生之虫不疾易水，行小变而不失其大常也，喜怒哀乐不入于胸次。夫天下也者，万物之所一也。

——庄　子

道不可闻，闻而非也；道不可见，见而非也；道不可言，言而非也。知形形之不形乎！道不当名。

——庄　子

夫至人者，相与交食乎地而交乐乎天，不以人物利害相撄，不相与为怪，不相与为谋，不相与为事，翛然而往，侗然而来。

——庄　子

学者，学其所不能学也；行者，行其所不能行也；辩者，辩其所不能辩也。知止乎其所不能知，至矣；若有不即是者，天钧败之。

——庄　子

以用为知，以不用为愚，以彻为名，以穷为辱。移是，今之人也，是蜩与学鸠同于同也。

——庄　子

正则静，静则明，明则虚，虚则无为而无不为。道者，德之钦也；生者，德之光也；性者，生之质也。

——庄　子

夫大备矣，莫若天地；然奚求焉，而大备矣。知大备者，无求，无失，无弃，不以物易己也。

——庄　子

道之所一者，德不能同也；知之所不能知者，辩不能举也。故海不辞东流，大之至也；圣人并包天地，泽及天下，而不知其谁氏。

——庄　子

以目视目，以耳听耳，以心复心。若然者，其平也绳，其变也循。

——庄　子

尽有天，循有照，冥有枢，始有彼。则其解之也似不解之者，其知之也似不知之也，不知而后知之。

——庄　子

古之君人者，以得为在民，以失为在己；以正为在民，以枉为在己；故一形有失其形者，退而自责。

——庄　子

目彻为明，耳彻为聪，鼻彻为颤，口彻为甘，心彻为知，知彻为德。

——庄　子

知足者不以利自累也，审自得者失之而不惧，行修于内者无位而不怍。

——庄　子

利，反之于心，则夫士之为行，不可一日不

为乎！

——庄　子

无耻者富，多信者显。夫名利之大者，几在无耻而信。故观之名，计之利，而信真是也。

——庄　子

势为天子，未必贵也；穷为匹夫，未必贱也。贵贱之分，在行之美恶。

——庄　子

君子远使之而观其忠，近使之而观其敬，烦使之而观其能，卒然问焉而观其知，急与之期而观其信，委之以财而观其仁，告之以危而观其节。

——庄　子

以天为宗，以德为本，以道为门，兆于变化，谓之圣人；以仁为恩，以义为理，以礼为行，以乐为和，薰然慈仁，谓之君子。

——庄　子

以深为根，以约为纪，曰坚则毁矣，锐则挫矣。常宽容于物，不削于人，可谓至极。

——庄　子

无为为之而合于道，无为言之而通乎德，恬愉无矜而得于和，有万不同而便于性。

——刘　安

誉人而过乎其实，标榜之风必起矣；毁人而过乎其实，求全之辈可诛矣。世人勉之，戒之！

——张三丰

百行孝为先。……惟孝始能友，移孝可作忠，惟孝型于妻，以孝信乎朋。一孝包五伦，须知孝可风。至孝孝在心，爱慕见乎真；中孝孝在身，奉养宜殷勤。口中虽讲孝，能道要能行；面上徒妆孝，欺人并欺亲。

——张三丰

名者，教也。……真理既绝于言象，至教亦超于声说。理既常道不可道，教亦可名非常名，欲明理教、教理不一不异也。

——成玄英

人生于世，如在宝山，种种善缘，皆为宝也。

——虚皇天尊

身垢不净，以世水洗之；心垢不净，以法语洗之。

——虚皇天尊

赠人以财，不若赠人善言。黄金虽贵，用之则穷；善言于心，终身为宝。

——虚皇天尊

吾道无亲疏，吾眼无贵贱。

——虚皇天尊

世人痛苦，如在我身，当愿救护，普令安乐。

——虚皇天尊

降服其心，犹驭猛虎，如有纵怠，反伤汝身。

——虚皇天尊

忍者身之宝，慎勿与人争。

——虚皇天尊

慈悲之力，最为广大。

——虚皇天尊

浩浩三天，并育万物。人好其华，我取其实；人取其文，我受其质。

——宇文邕

以大居小，以富居贫，处盛卑之谷，游大贱之渊；微为之本，寡为之根，恐惧为之宇，忧畏为之门；福者祸之先，利者害之源，治者乱之本，存者亡之根。

——宇文邕

夫不祥者，人之所不争；垢辱者，人所不欲。能受人所不欲则足矣，得人所不争则宁矣。

——宇文邕

制杀者天，顺性命者人；非逆天者勿伐，非逆人者勿杀。

——宇文邕

夫学道之为人也，先孝于所亲，忠于所君，悯于所使，善于所友，信而可复，谏恶扬善，无彼无此。吾我之私，不违外教，能事人道也。次绝酒肉声色嫉妒杀害奢贪骄恣也；次断五辛伤生滋味之肴也；次令想念兼冥心睹清虚也；次服食休粮，奉持大戒，坚质勤志，导引胎息，吐纳和液，修建功德。

——宇文邕

良匠能与人规矩，不能使人必巧也。明师能授人方书，不能使人必为也。夫修道犹如播谷也，成之犹收积也。厥田虽沃，水泽虽美，而为之失天时，耕锄又不至，登稼被垄，不获不刈，顷亩虽多，犹无获也。

——葛　洪

古人质正，贵行贱言，故为政者不尚文辩，修道者不崇辞说。

——葛　洪

要道不烦，所为鲜耳。……内宝养生之道，外则和光于世，治身则身长修，治国则国太平。……自持才力不能并成，则弃置人间，专修道德者，亦其次也。

——葛　洪

惟道家之教，使人精神专一，动合无形。包儒、墨之善；总名、法之要。与时迁移，应物变化。指约而易明，事少而功多。务在全大宗之朴，守真正之源者也。

——葛　洪

览诸道戒，无不云欲求长生者，必欲积善立功，慈心于物，恕己及人，仁逮昆虫，乐人之吉，悯人之苦，周人之急，救人之穷，手不伤生，口不劝祸，见人之得如己之得，见人之失如己之失，不自贵，不自誉，不嫉妒胜己，不佞谄阴贼，如此乃为有德，受福于天，所作必成，求仙可冀也。

——葛　洪

仰观天文，俯察地理，占风气，布筹算，推三棋，步九宫，检八卦，考飞伏之所集，诊妖讹于物类，占休咎于龟荚，皆下术常伎，疲劳而难恃。

——葛　洪

按《玉钤经中篇》云，立功为上，除过次之。为道者以救人危使免祸，护人疾病，令不枉死，为上功也。欲求仙者，要当以忠孝和顺仁信为本。若德行不修，而但务方术，皆不得长生也。

——葛　洪

无示以贤者，俭也；无加以力，不敢也。下以聚之，赂以取之，俭以自全，不敢自安。……四者，诚信正道矣。

——通玄真人

道不可以进而求名，可以退而修身。

——通玄真人

德在与，不在求。是故圣人之欲贵于人者，先贵于人；欲尊于人者，先尊于人；欲胜人者，先自胜；欲卑人者，先自卑。……故知与之为取，后之与先，即几于道。

——通玄真人

所谓无为者，……谓其私志不入公道，嗜欲不枉正术，循理而举事，因资而立功。

——通玄真人

自然盖道之绝称，不知而然，亦非不然，万物皆然，不得不然，然而自然，非有能然，无所因寄，故曰自然。

——通玄真人

天下之事不可为也，因其自然而推之；万物之变

不可救也，秉其要而归之。是以圣人内修其本而不外饰其末，厉其精神，偃其知见，故漠然无为而无不为也，无治而无不治也。所谓无为，不先物为也；无治者，不易自然也；无不治者，因物之相然也。

——通玄真人

夫待利而登溺者，必将以利溺之矣。舟能浮能沉，愚者不知足焉。

——通玄真人

柔者，道之刚也；弱者，道之强也。

——通玄真人

虚无者，道之舍也；平易者，道之素也。

——通玄真人

大道之要，凡属心知意为者，皆非也。

——陈冲素

性命本宗，元无得失，巍不可测，妙不可言，乃为之道。

——王重阳

大道以无心为体，忘言为用，柔弱为本，清静为基。

——白玉蟾

有无相通，物我相同；其生非始，其死非终。知此道者，形不可得毙，神不可得逝。

——谭　峭

天子作弓矢以威天下，天下盗弓矢以侮天子；君子作礼乐以防小人，小人盗礼乐以僭君子；有国者好聚敛，蓄粟帛，具甲兵，以御贼盗，贼盗擅甲兵，踞粟帛，以夺其国。

——谭　峭

有赏罚之教则邪道进，有亲疏之分则小人入。夫弃金于市，盗不敢取；询政于朝，谗不敢语，天下之至公也。

——谭　峭

动一窍则百窍相会，举一事则万事有容。

——谭　峭

民不怨火，而怨使之禁火；民不怨盗，而怨使之防盗。是故济民不如不济，爱民不如不爱。……夫禁民火不如禁心火，防人盗不如防我盗。

——谭　峭

感父之慈非孝也，喜君之宠非忠也。感始于不感，喜始于不喜。多感必多怨，多喜必多怒。

——谭　峭

贷其死者乐其死，贷其输者乐其输。所以民盗君之德，君盗民之力。能知反复之道，可以居兆民

之职。

——谭　峭

民之情也，让之则多，争之则少；就之则去，避之则来；与之则轻，惜之则夺。是故大义无状，大恩无象；大义成不知者荷之，大恩就不识者报之。

——谭　峭

止人之斗者使其斗，抑人之愤者使其愤。……是故心不可伏，而伏之愈乱；民不可理，而理之愈怨。

——谭　峭

智者多屈，辩者多辱，明者多蔽，勇者多死。

——谭　峭

不有和睦，焉得仇雠？不有赏劝，焉得斗争？是以大人无亲无疏、无爱无恶，是谓大和。

——谭　峭

能均其食者，天下可以治。

——谭　峭

为恶者畏人识，必有识者；为善者欲人知，必有不知者。是故不识者谓之大恶人，不知者谓之至善。

——谭　峭

奢者好亲人，所以多过；俭者能远人，所以寡祸。

——谭　峭

奢者好动，俭者好静；奢者好难，俭者好易；奢者好繁，俭者好简；奢者好逸乐，俭者好恬淡。……俭者可以即清静之道。

——谭　峭

俭于视可以养神，俭于言可以养气，俭于私可以获富，俭于公可以保贵，俭于门闼可以无盗贼，俭于环卫可以无叛乱，俭于职官可以无奸佞，俭于嫔嫱可以保寿命，俭于心可出生死。是知俭可以为万化之柄。

——谭　峭

夫礼失于奢，乐失于淫，奢淫若水去不复返。议欲救之，莫过乎俭，俭者，均食之道也。食均则仁义生，仁义生则礼乐序，礼乐序则民不怨，民不怨则神不怒，太平之业也。

——谭　峭

世有慳号者，人以为大辱，殊不知始得为纯俭之道也。……故一人知俭则一家富，王者知俭则天

下富。

——谭　峭

心不疑乎手，手不疑乎笔，然后知书之道和畅非巧也。……神之所浴，气之所沐，是故点策蓄血气，顾盼含情性，无笔墨之迹，无机智之状，无刚柔之容，无驰骋之象。

——谭　峭

王者皆知御一可以治天下也，而不知孰谓之一。……守一之道，莫过乎俭。

——谭　峭

君俭则臣知足，臣俭则士知足，士俭则民知足，民俭则天下知足，所以无贪财，无竞名，无奸蠹，无欺罔，无矫佞。

——谭　峭

清心寡欲，以保圣躬；节财俭用，以固邦本；听纳忠良，以广言路。

——元茅山道士

奢俭之间，乃损益之本也。……是故彼之自损者，岂非自益之道欤？此之自益者，岂非自损之道欤？……故老氏曰："天之道，损有余，补不足。"其是之谓欤?

——罗　隐

乾以刚健,终有亢极之悔;谦之以卑大,能成光大之尊。……矜一夫之用,故不可得其强;乘兆庶之恩,故不可得其弱。

——罗　隐

天生人,幸使其人人自有筋力,可以自衣食者,而不肯力为之,反致饥寒,负其先人之体。而轻休其力不为,力可得衣食,而反常自言愁苦饥寒。但常仰多财家,须而后生,罪不除也。

——于吉　宫崇

自然之法,乃与道连。守之则吉,失之则患。

——于吉　宫崇

凡事不得其人,不可强行。

——于吉　宫崇

天道助弱。

——闾丘方远

子知守一,万事毕。

——于吉　宫崇

天地人备，天地人三合同心，乃成德也。一事有不和，辄不成道德也。

——于吉　宫崇

无使名过实，常教实若虚。藏机隐密恰如愚。闲问心王，何处用工夫?

——马丹阳

在俗非为俗，居尘不染尘。如莲不著水之因。万卉千花，一叶不沾身。

——马丹阳

实无名，名无实。名者，伪而已矣。

——列　子

自长非所增，自短非所损。

——列　子

常胜之道曰柔，常不胜之道曰强。二者亦知，而人未之知。故上古之言：强，先不己若者；柔，先出于己。先不己若者，至于若己，则殆矣。先出于己者，亡所殆矣。以此胜一身若徒，以此任天下若徒，谓不胜而自胜，不任而自任也。

——列　子

好誉而憎毁，贤达之所不免；然审己无善而获誉者不祥，省躬无疵而获谤者何伤。以此论之，得失在乎己，而靡由其他。故泰然忘情矣，恶不动乎衷者，至人哉！至人哉！

——吴　筠

道之所尚存乎本，故至仁合天地之德，至义合天地之宜，至礼合天地之容，至智合天地之辩：皆自然所禀，非企羡可及。矫而效之，斯为伪矣。伪则万诈萌生，法不能理也。所以贵淳古而贱浇季，内道德而外仁义，先素朴而后礼智，将敦其本以固其末，犹根深则叶茂，源濬则流长，非弃仁义、薄礼智也。

——吴　筠

以一人之心，兼累圣之道，神疲形倦，莫究其微。故周览以绝疑，约行以取妙，则不亏于修习，无废于闲和。道在至精，靡求其博尔。

——吴　筠

纵横自在无拘束，心不贪荣身不辱。

——丘处机

无为者，体也；无不为，用也。

——贾善翔

亲谗远忠者亡，近色远贤者惛，女谒公行者乱，

私人以宦者浮……群下外异者沦，既用不任者疏，……念旧恶而弃新功者凶，用人不得正者殆，强用人者不畜，为人择官者乱。……所任不可信、所信不可任者浊。

——黄石公

羊质虎皮者辱。

——黄石公

法者，引得失以绳，而明曲直者也。

——《黄帝四经》

畜臣之恒道，任能毋过其所长；使民之恒度，去私而立公。

——《黄帝四经》

案法而治则不乱。

——《黄帝四经》

天恶高，地恶广，人恶苛。……苛而不已，人将杀之。

——《黄帝四经》

安徐正静，柔节先定。良温恭俭，卑约主柔，常后而不先。体正信以仁，慈惠以爱人……好德不争，立于不敢，行于不能……守弱节而坚之，胥雄节之穷而因之。

——《黄帝四经》

极而反，盛而衰，天地之道也，人之理也。

——《黄帝四经》

以刚为柔者活，以柔为刚者伐。重柔者吉，重刚者灭。

——《黄帝四经》

得道之本，握少以知多；得事之要，操正以正奇。

——《黄帝四经》

一人之身，一国之象。故知治身则知治国矣。夫爱其民所以安其国；吝其气所以全其身。民散则国亡，气竭则身死。

——《太上灵宝五符序》

夫俭在内，不在外也；俭在我，不在物也。

——《才华子》

图书在版编目(CIP)数据

圣贤语 / 刘巍编. — 北京 : 中国文史出版社, 2020.3

ISBN 978-7-5205-1897-0

Ⅰ. ①圣… Ⅱ. ①刘… Ⅲ. ①儒家-语录②道家-语录 Ⅳ. ①B222.01②B223.01

中国版本图书馆 CIP 数据核字(2019)第 287858 号

责任编辑: 卢祥秋

出版发行: 中国文史出版社
社　　址: 北京市海淀区西八里庄路 69 号院　邮编: 100142
电　　话: 010-81136606　81136602　81136603 (发行部)
传　　真: 010-81136655
印　　装: 北京新华印刷有限公司
经　　销: 全国新华书店
开　　本: 889×1194　1/32
印　　张: 7　　　　字数: 150 千字
版　　次: 2020 年 3 月第 1 版
印　　次: 2022 年 2 月第 2 次印刷
定　　价: 45.00 元